不断拥抱变化
才能走得更远

工作的本质

你应该为自己而工作

樊登 著

九州出版社
JIUZHOUPRESS

你应该为自己而工作

— 序 —

工作是最好的修行

每逢假期都会看到很多人在网上展示各种休假攻略,算计着怎么能休一个更长的假期。其实这种行为根本无助于提高假期的质量,反而会让放假期间的你更加焦虑,你会像期盼假期一样倒数还有几天上班。当我们把人生割裂成工作和生活的时候,分别心就无时无刻不在折磨着你。结果是工作的时候总是想着海边的吊床,躺在吊床上的时候又在谋划着怎么搞定那个难缠的客户。当然,我遇到过更高级别的分别心拥有者。这个朋友已经是非常高级的职业经理人了,他说自己从不抱怨工作,因为他把工作视为一种"必要之恶"。为了获得生活的享受和美好,他愿意忍受这种工作的痛苦。想通了,也就不抱怨了,就可以戴着职业精神的假面来应付工作中的种种不快。心理学上把这种想法称作"习得性无助",也就是经过生活的"教育",终于学会了用无助的心态来对待难以克服的困难。大象很少去挣脱并不结实的锁链,并不是因为力气不够,而是因为从小象的时候就由这条链子锁着,它已经接受现实了。

但真相并不是这样的。大象可以挣脱锁链,我们也可以重新认识工作。分别心让我们赋予每一个当下不同的意义,无论身体在承受什么,我们的思想都已经开始叫苦叫累了。事实上，坐在办公桌旁写作和坐在咖啡馆里写作有多大差别呢？坐在会议室开会和坐在客厅聊天又有多大差别呢？生活的真相就是换个地方行住坐卧而已，是我们自己的界定让工作变成不得不承受的痛苦。换个角度想一想，有没有可能你的工作被很多人羡慕呢？尤其是那些根本没资格获得这份工作的人。当然，过度地美化工作也是一种分别心，也加入了幻想的成分。所以我们要做的就是用真实的态度面对工作，工作是生活的一部分，你当下所做的工作就是你当下人生的全部。投入其中，认真地谈话、写字、思考、行动，这几乎就是修行的全部了。

孟子说"必有事焉"，就是王阳明强调的在事上磨炼。我们希望通过修行来强化我们的内心，但强化的内心是用来做什么的呢？只有躲在深山安静的茶室中才能平心静气，那不叫修行，那只是一种修行的姿势而已。真正的修行就体现在每一天的工作中。如何和颜悦色地与同事说话，如何清晰明确地安排事项，如何在别人不理解的时候坦白沟通，如何在获得成绩时不扬扬自得……这些事没有一件不是人生大事。

如果只是这样号召大家热爱工作，那就是真正的心灵鸡汤了。而本书提供了许多能够让工作变得更亲切的方法，拾阶而上就能成为一个对工作有办法的人。有办法才能更加心平气和，所谓修行也就有了迈开脚的第一步。

樊 登

PART 1

职场生存要靠真本事

目录 Contents

01
把工作当成自己的事业

荐　语 _003
工作究竟为了什么 _005
什么才叫"认真"工作 _007
学会和工作谈恋爱 _010
人分三类：不燃型、可燃型、自燃型 _013
做企业的四条"经营秘诀" _015
出色的工作产生于完美主义 _020

02
让工匠精神融入职业规划

荐　语 _025
工匠的人品比技术更重要 _027
匠人须知 30 条 _031
一流匠人的成长之路 _042

目录 Contents

PART 2
永远给自己一个行动扳机

03 向时间管理要效益

荐　语 _047

心无杂念，安于当下 _049

适度反应 _050

自下而上的行动管理 _052

五步骤高效管理时间 _053

精明的人更容易拖延 _060

04 最有效的是即刻行动

荐　语 _065

什么是拖延 _067

撕掉"我是拖延症"的标签 _069

克服恐惧，实践"立即行动"的哲学 _070

从拖延到高效，五步改变法 _071

践行承诺，终结拖延 _076

05

别让思维惰性毁了你

荐　语 _079

改变为何这么难 _080

象与骑象人 _083

指挥骑象人 _084

激励大象 _088

营造一个路径 _094

PART 3

提高自我核心竞争力

06 真正的高手都在刻意练习

荐　语 _101

天才的真相 _102

人类的极限 _104

什么是刻意练习 _107

在工作中刻意练习 _111

在生活中刻意练习 _118

从刻意练习到成为高手的四个阶段 _120

对天才最合理的解释 _122

07 识别关键对话，沟通不再困难

荐　语 _125

关键时刻，为什么我总是掉链子 _126

从"心"开始：管好自己的情绪 _127

建立先导性思维：关注你的真实目的 _131

掌控情绪：关注谈话的氛围 _134

开始对话 _139

08

走向双赢的谈判策略

荐　语 _145

第 3 选择：一条双赢之路 _147

构建"第 3 选择"的思维模式 _148

创造协同的步骤 _155

无处不在的"第 3 选择" _158

目录 Contents

PART 4

打造一支高效团队

09

一定要避开履新陷阱

荐　语 _167

履新，当心这些问题害了你 _169

第一步，做好心理建设，不打无准备之仗 _173

第二步，加速学习：欲善其事，先利其器 _175

第三步，根据实际情况调整策略 _177

第四步，主动与上司沟通 _180

第五步，保障早期成功 _183

第六步，保持内部的一致性 _184

第七步，打造你的高效团队 _185

第八步，建立同盟和自我管理 _186

10
不做指令型上级

荐　语 _189
为什么给他人的建议总是收效甚微 _191
教练存在的前提：相信人的潜能 _192
教练与指导的本质区别 _194
GROW 辅导的关键原则 _196
一次关于教练的实践 _201
好教练的特征 _206

11
要有危机领导力

荐　语 _209
关于悉尼至霍巴特赛事 _210
"午夜漫步者号"的经历 _211

PART 5

持续创新才能走得更远

12 培养你的商业思维

荐　语 _227
你与真实世界脱节了吗 _229
培养共情的意识 _232
掌握共情的技巧 _238
创建企业与员工的共情 _242

13 从 0 到 1 的创业之路

荐　语 _247
什么是"从 0 到 1" _249
在潮流中保持独立思考 _250
成功就是打造垄断的企业 _252
创业的心态 _258
创业前的准备 _262

14
新创企业的成长思维

荐　语 _265

寻找方向：找对浪潮再起步 _267

准备启航：组建初创团队 _270

打造产品：爱它，但别太爱 _276

锁定市场：吃透你的客户 _280

持续创新：基业长青的秘诀 _283

高速运转：走在市场的前面 _285

参考文献 _288

只有当你在某个领域

精进为一个专家时，

你才能掌握话语权，

才能改变命运。

PART 1

职场生存
要靠真本事

01

把工作
当成自己的事业

人生如一场修炼,
而工作是最好的修炼方式。
——稻盛和夫

▌ 推荐阅读:《干法》

荐　语

日本有经营四圣：索尼创始人盛田昭夫、松下创始人松下幸之助、本田创始人本田宗一郎、京瓷创始人稻盛和夫。稻盛和夫创立京瓷时年仅27岁，而京瓷现在已成为日本市值最高的公司之一。他在52岁时创办的第二电电（KDDI），在日本的通信界相当于中国的联通，也与京瓷一样成了世界500强企业。更令人叹服的是，他在78岁高龄、罹患胃癌的情况下，应日本政府的请求，接手日航，仅用一年时间就扭亏为盈，使其重回世界500强！

这样一位"经营之圣"却在退休时将自己的个人股份全部捐献给员工，转而追求更高层的心智提升。他认为，人生就是提升心智的过程。这样的超脱，使他拥有了俯瞰人生的视野。

在日本泡沫经济的萧条时期，"厌恶劳动""逃避工作责任"的倾向在滋长，有的人期待一夜暴富后就脱离工作、享受生活，有的年轻人甚至不工作，依靠打零工或"啃老"度日。稻盛和夫于是将自己的人生经验和在思索中产生的质朴的"劳动观"写成《干法》一书，分享于众，希望帮助大家重新思考工作和人生的意义。这本书在全球范围内影响着数以千万的人，我是在春节期间读完《干法》的，看完后迫不及待地又画思维导图，又做PPT，想早日与大家分享。假期即将结束时的朋友圈，弥漫着那种对于工作的排斥。如果我们能认真学习《干法》，体会稻盛和夫所说的工作观，你会发现，工作本身就可以成为幸福的来源。

也许你会认为这是老板的洗脑术：我们努力工作就是他们的快乐！在国内，的确有三位著名的企业家非常推崇这本书——阿里巴巴的马云、海尔的张瑞敏、新东方的俞敏洪。如果你稍微了解一下，就知道他们的勤奋程度，你根本看不到他们对工作的一丝抱怨。要知道，崇尚稻盛和夫的人并不是因为当了老板才提倡《干法》，而是因为《干法》才成了老板！

稻盛和夫热爱工作，认为工作是最好的修炼方式，并且一直身体力行。现在有很多人都把工作当成一种"必要之恶"：工作是为了拥有美好生活而必须付出的代价、必须承受的苦难。而稻盛和夫说，工作是万病的良药，是解决一切问题最重要的良药；只要认真工作，就能够治愈各种各样的病痛。

稻盛和夫经常问那些将工作看成"必要之恶"的人："难得来这世上走一回，你的人生真的有价值吗？你人生的价值是怎么体现出来的呢？是你忍受了很多不愉快的工作体现出生活的价值吗？还是你账户上的钱体现出工作的价值呢？"这些当然都不是，稻盛和夫认为，只有在工作中磨炼心性才是价值的体现。这与王阳明的心学何其相似，把工作当作修行，挑战自我，磨炼心性，在业绩、报酬增加的同时，也使自己的阅历、能力、见识、智慧得到了精进。

工作究竟为了什么

稻盛和夫先生于1932年出生在日本的鹿儿岛，鹿儿岛位于日本的最南端，温泉、火山、森林密布，自然风景瑰丽，旅游业发达。稻盛和夫23岁毕业于鹿儿岛大学，这是一所以医学著称的日本二流大学。看起来，这就是一个小镇的普通青年上了一所普通大学，丝毫看不出有任何发迹的迹象。不过，另三位"经营之圣"也好不到哪儿去，除了盛田昭夫读的是大阪大学，松下幸之助连小学都没毕业，本田宗一郎也仅读完了小学。

因为战争，稻盛和夫的早年经历颇为坎坷，15岁之前因战火而挨饿受穷。那时候，他经常因为这些苦难而苦恼，盼望着战争能尽早结束。他想做医生，但后来考学失利，错过了自己心仪的医学部，也错过了那些一流的大学。无奈考入鹿儿岛大学学习化学工程的他，必须接受自己不喜欢的专业、不喜欢的学校。不过他最终成功跻身这所大学最著名的校友之列。

1955年毕业时，稻盛和夫又不幸遭遇经济大萧条，经由老师推荐才进入一家陶瓷厂工作，这家陶瓷厂就是京瓷的前身。最初，陶瓷厂效益极差，连薪水都发不出，作为一名那个时代的大学生，这份陶瓷厂的工作看起来是没什么前途的。与他同时入职的同事都相继离开了，身边的人也都劝他离开。

稻盛和夫坚持到了最后，同时入职的大学生只剩下他和另外一个毕业于京都大学的高才生，他俩商量着干脆去报考自卫队后备干部团算了。由于整体素质不错，两人都通过了考核，眼看着一位"经营之圣"就要成为一个大兵哥了。

好在虽然考试通过了，但是还需要家人将户籍证明寄给他，才能正式进入军营。那个一起考试的哥们儿很快就收到户口本去参军了，然而稻盛和夫直到最后，也没有收到家人的任何回信，最终失去了参军的机会。后来才知道，他的哥哥对他从公司离开去参军的想法异常生气。哥哥训斥他："家里节衣缩食把你送进大学，多亏老师介绍才进了京都的公司，结果你就因为一点点不满，不到半年就忍不住要辞职，真是个忘恩负义的家伙！"稻盛和夫被哥哥一顿臭骂，羞愧难当，只得回去上班。

于是，23岁的稻盛和夫回到陶瓷厂，继续从事研发工作。但情况没有好转，拿不到工资，生活都无以为继。在最困难的时候，他甚至想过干脆去投靠黑社会算了。但想想哥哥的反应，参军都被臭骂一顿，更别提加入黑社会了。

人家是天无绝人之路，稻盛和夫则是"天要绝其所有出路"，因为严格的政策、严厉的哥哥，他不得不一条道走到黑。既然生活之苦暂时没有办法解决，既然没有别的出路，他就决定先好好工作，并且给自己定了一个要求：绝对不要抱怨，认真去做。

可见年轻人的成功不是一蹴而就的，就连以意志力著称的稻盛和夫先生，也需要时间和外界环境的打磨，有时候需要让自己跟艰苦的环境较一下狠劲儿，有时候一个严厉的人才是自己真正的"贵人"。

什么才叫"认真"工作

关于"认真",毛泽东曾说过:"世界上怕就怕'认真'二字。"那么,稻盛和夫是怎样"认真"工作的呢?

稻盛和夫把锅碗瓢盆全部搬到车间里,每天吃住都在车间,彻底跟陶瓷生活在一起。他请公司帮着订阅一些最新的、关于陶瓷的英文杂志,了解行业的前沿技术动态,全身心投入相关课题的研发。每天不是在做实验,就是在看杂志,废寝忘食。经过了一番如此艰苦的"认真",他终于迎来了人生中第一个真正的成功。

当时公司要求他研发镁橄榄石,其中最大的难题是无法将镁橄榄石黏合在一起,他一天到晚、吃饭睡觉都在想解决办法。有一天,他无意间踢翻了一桶松香,松香粘在了他的裤子上。就在那一刻,他突然感受到了"神的启示":这就是最好的黏合剂啊!于是,他开始用松香做黏合镁橄榄石的实验,难题由此被攻克。

这真是个神奇的发现:啃论文、泡实验室都没得到的东西,最终却是由"一脚之力"得来的。难道是"上帝",难道是神灵,难道是佛祖看他这么辛苦,忍不住给他一个提示?稻盛和夫认为,这个"保佑"全是因为他每天日思夜想的都是这个问题,所以当他踢翻那桶松香的瞬间,灵感就迸发了。

这个问题在我读完《学习之道》那本书之后,得到了准确的解释:神经学家发现人类大脑有两种思维模式,即专注模式和发散模式。在专注模式下，你的各个脑区都将注意力集中到具体问题上，就像手电筒发出的集中光柱一样，直接投射到具体目标上，你会把关于这个问题的常规性内容都过一遍。在发散模式下，这个过程如同手电筒在照射远方，虽然光强降低，却更为分散。此时大脑放松，不同脑区的联络会增多，为有创造力的想法提供了机会，更容易出现灵感。那么是不是有创造力的人都不需要专注模式，只要发散模式就够了呢？正如那句老话，"巧妇难为无米之炊"，发散就是那个巧妇，没有专注的米，她也做不出好饭来。而稻盛和夫的日思夜想已经准备好了香喷喷的大米，只等那临门一脚的巧妇来了。

回到正题，他的这项发明为公司带来了巨大的利润，也让这个发不出工资的陶瓷厂从此拥有了领先的、极具竞争力的技术。

对于稻盛和夫来说，这次成功带给他的最大的收获，不是使他摆脱生活窘境的奖金，也不是享誉行业的科研成果，而是他发现了自己对工作的兴趣和热爱：**"工作真的太有意思了，工作这件事太有挑战了，现在给我什么我都不会换，我就喜欢工作！"** 他从一个排斥工作的人，通过自己的艰苦努力和专注投入，变成一个热爱工作的人。他从科研工作中发现了美好，而这些美好也许就是外人眼中枯燥无味的部分。

其实我们身边也存在很多这样的人，在此要表达一下我对父亲的崇拜。我的父亲是一位大学的数学教授，他没有别的爱好，就是爱做数学题。每天上课、辅导学生、写论文，都是在做数学题，回到家有空了还是在做数学题。我从小到大，他一贯如此。他有很多厚厚的本子，精心地整理着很多数学习题，笔迹非常工整。有一次我在微信朋友圈晒了一下我父亲的笔记，引来了很多极少露脸的朋友的点赞。虽然我父亲的笔记都是我看不懂的符号，但那就是数学家的生活、数学家的书法。他认为做数学题这件事不仅是工作，还是他的娱乐。值得夸夸我自己的是，虽然我没有继承父亲对数学的兴趣，但我在读书领域尽得真传。经常有人问我："樊老师，你一天到晚看书，要啃那么多大部头，跨那么多领域，肯定特别累、特别辛苦吧？"我要告诉大家的是，读书是我的工作，也是我的娱乐，**挑战自己的舒适区，是一件让人特别满足又有成就感的事**。你们若见到我，尽管向我推荐好书就是了。

《重新定义公司》一书讲述了谷歌的一个招聘原则：不要招聘根本不在意事件背后价值的人，因为他看不到事情的意义，也不会成为一个创意精英。我们经常会碰到一些人，张口闭口"那时候我在玩影视""那时候我主要玩灯光""那时候我主要玩摄影"，他们用"玩"这个词，就是古人讲的那种"不厚重"。当你认真、敬业地对待工作时，你就能让自己的人格变得厚重起来。

日本有一部电影《入殓师》，讲述了一个大提琴手因为乐队解散，应聘获得了一份帮逝者化妆的工作。这个年轻人最初非常排斥这份工作，认为一辈子做这个工作没有意义，搞不好还会影响自己恋爱结婚。但是随着一次次介入整个葬礼的过程，他逐渐发现了这份工作的意义，体会到这种艺术独特的美。我国一部获得金鸡奖的电影《那人那山那狗》讲的也是类似的故事：一位邮差带着一条狗，翻过很多山头，日复一日地送信，一辈子没有丢过一封信。每次观看这种优秀的影片都会给我们带来一些冲击和震撼，会帮助我们每个人去梳理自己的工作、人生：**当你**

认真对待一份工作的时候，你的心性就会变得不一样，认真做事可以提升心智，认真工作可以升华人格。 那些能够把小事认认真真做到极致的人，都是值得我们敬佩的。

稻盛和夫认为，通常西方人会更加排斥工作，因为他们把工作和生活对立起来，"罢工"屡屡上演，而东方人就不存在这个问题。这大概源于文化的不同。在东方，日本民族向来就非常勤奋、任劳任怨。现在，西方思潮不断侵入日本，让很多年轻人也认为工作是一种"必要之恶"。其实仔细想想前人的生活，尤其是在农村生活过的老一辈，印象最深的就是他们都是闲不住的人，一年四季总要找点儿事情做才行，闲下来就觉得难受。所以，把工作和生活对立起来的思想，实际上太受束缚了。

请记住稻盛和夫的这些话，它会成为助你一臂之力的精神财富：工作能够造就人格，不要把它跟生活对立起来。**极度认真地工作，能够扭转你的人生。在你最绝望、最无助的时候，你就应该认真地去投入工作。**

学会和工作谈恋爱

我的职场经历算是比较顺利的，毕业后就直接进入中央电视台。工作中我也曾有过低谷，记得最难的时候，我做新节目的实验，做出一个被毙掉一个，连续被毙掉了好几个，那一段时间真的觉得特别无助。那时候我就想，如果做节目总是没有思路，我还能做点什么呢？

于是，我开始读书。我用一年时间把各种版本的《论语》都读完了：从南怀瑾的、李泽厚的、钱穆的……到朱熹的注解版，甚至是张居正给皇帝讲的《论语》。读完后慢慢开始找到点感觉，心逐渐定下来，人也变得厚重起来。

所以，当你实在无助的时候，就努力吧。沮丧、颓废、喝酒、蓄须……这些只能暂缓压力，而只有努力才能扭转你的人生。这也是稻盛和夫通过自己工作之初的经历告诉我们的工作的意义。

当你通过自己的努力发现了工作的意义之后，你就不会再认为工作仅仅是为了赚钱。设想有一天，你突然走了偏财运，中了1000万元的彩票，兴冲冲地买房、辞职。刚开始，你可能无所事事，不用为温饱担忧，不用为生活努力。但随着时间的推移，你会一直觉得幸福吗？你会不会觉得这种单调的生活很无趣呢？可能很快，你的幸福感就会大幅地降低，你也不会再获得解决棘手问题的成就感，而人性中那些美好的东西也会渐渐离你远去。

京瓷公司在稻盛和夫经营了十几年后就上市了，一直做到日本市值第一，稻盛和夫都没有抛售过一股京瓷的股票，因为他觉得自己不需要赚那么多钱。他是一个享受工作的人，他觉得工作就是在和"贪、嗔、痴"三毒做斗争。只有"愚直地、认真地、专业地、诚实地"投身于自己的工作，才能减少"贪、嗔、痴"的伤害。

怎样才算是努力地工作呢？稻盛和夫说："你要学会和工作谈恋爱。"有一次，稻盛和夫在研究中做出了一个很漂亮的数据，他兴奋得从地上一跃而起，还跟旁边的同事说："你也应该高兴啊！"没想到，同事用鄙夷的眼光看着他："稻盛，说句心里话，值得男子汉兴奋得跳起来的事情，一生中也难有几回。看你的样子，动不动就高兴得手舞足蹈，现在甚至叫我也跟你一起高兴，该说你是轻薄好呢，还是轻率好呢？总之，我的人生观与你不一样。"稻盛和夫当时被骂得浑身发凉："难道我错了吗？"但是他突然就想明白了："要想坚持这种枯燥的研究，有了成果就应该真挚地把高兴表达出来。这种喜悦和感动能够给我们的工作注入新的动力，特别是在现在研究经费不足、研究环境很差的条件下……"这就是两个人价值观的不同。几年之后，那位同事早已离职，而稻盛和夫则带领着京瓷成为日本市值第一的公司。

努力地工作就意味着，不要把别人分配的工作当成一种任务，而应该将其看作一项天职，这样你才能尽情地享受与每一项工作交互，然后完成它的过程。如果你长期努力地做一件事，你就会慢慢地爱上它，会主动想要做好，工作也渐渐变成了人生的必需品。

记得有一次，稻盛和夫在研究一个叫作水冷复式水管的产品时，遇到了一个难题：一种制作很长的水管的陶瓷，要把它烧到整体均匀而不发生裂痕，这极其困难，他们试了很多次都不成功。于是，稻盛和夫整晚躺在炉子旁边，抱着水管一边睡觉一边翻滚，就这样滚了一个通宵，终于给烧制成了。如果不是真正热爱，怎么能做到抱着产品睡觉呢？这才是"和工作谈恋爱"的感觉。

不仅如此，稻盛和夫还说他能够听到产品的"哭泣"：只要站在炉子旁边，就能听出烧制的产品有没有瑕疵。有一个更奇特的经历是，稻盛和夫坐着车，突然告诉司机："车子坏了。"司机不信："没坏啊，明明开得挺好的。"他说:"不对,我听到了车子里一个特别的声音,那是车子在哭泣。"司机没辙,只好停车检查,愣是没发现哪里出了问题。最后汽车被送到修理厂,检修时发现发动机上有一个螺丝掉了,如果不管它,很可能酿成事故。一个小小的螺丝掉了居然都能被稻盛和夫听出来,他可以说是到了朱熹所讲的"格物致知"的境界,进入到对产品"疯魔"的状态了。

你如果真的对产品"疯魔"了,在任何一个行业都会发展得很好,无关乎行业的竞争激烈与否,更无关乎你所处的是朝阳产业还是夕阳产业。我曾经看过一个帖子,很欣赏其中的一句话:"不是生意越来越难做,而是专业的人越来越多。"混日子挣钱的时代已经一去不复返,只有当你在某个领域精进为一个专家时,你才能掌握话语权,才能改变命运。

人分三类:不燃型、可燃型、自燃型

稻盛和夫将人分为三种类型——不燃型、可燃型、自燃型。所谓"不燃型"(或称"阻燃型")的人,就是无论你怎样劝说、激励,都无法激起工作热情的人,他会认为"你是在给我洗脑""你只是想利用我"。所谓"可燃型"的人,是指通过外部的激励,可以很好地完成工作的人。所谓"自燃型"的人,就像火柴一样,一划就着,压根儿不需要外界的激励,每天都有很多新点子,时刻琢磨着怎样把事情做得更好。

不燃型：
无法被激起
工作热情的人

可燃型：
靠外部激励
完成工作的人

自燃型：
本身对工作
充满激情的人

老板和员工经常会有这样的矛盾：员工觉得老板太善变了，一会儿让干这个，一会儿让干那个，总是在变；员工希望的是，最好拿着固定的工资，按部就班地干一件事情。这就是"自燃型"的管理者和"可燃型"或者"不燃型"的员工之间的区别。

不幸的是，我们现在的教育，将孩子大部分对于世界的探索精神都抹杀了。我们的教育往往强调，只要被动地接受并且完成就可以了，正是这种模式，培养了我们被动的心态。这种心态一旦形成，再想要将其转化成"自燃型"的人就非常困难了。我希望《干法》这本书可以穿透读者的心灵，让那些曾经是"不燃型"的人，从小处开始转变，慢慢转化成为"可燃型"，甚至是"自燃型"的人。这样，爱上自己的工作，就指日可待了。

做企业的四条"经营秘诀"

如何把公司经营好？稻盛和夫有四个经典的建议：一是要不断树立更高的目标，二是要付出不亚于任何人的努力，三是不要有感性的烦恼，四是一定要严酷地磨炼自己。

不断树立更高的目标

稻盛和夫在创建京瓷时，全公司只有 28 名员工。这个只有 28 名员工的公司最终成为世界第一，靠的就是一个个小目标的实现：首先要成为开发区第一的企业，其次要成为中京区第一，再次是京都第一，又次是日本第一，最后是世界第一。循序渐进，一口一口地吃，最后总能吃成一个胖子。就是这样一个又一个循序渐进的目标的设立和完成，成就了现在的京瓷。老板的格局决定了公司的大小，稻盛和夫认为，**作为一个管理者、企业家，要敢于不断对公司、员工设立更高的目标。**

有人问稻盛和夫京瓷研发的成功率是多少，稻盛和夫回答："凡是京瓷公司着手研发的项目，百分之百会成功。"这听起来不可思议，每家企业都可能会有研发失败的案例，成功率怎么可能是百分之百呢？稻盛和夫回答："京瓷公司对待任何一个研发项目的态度都是'不成功不罢休'的，因此以失败而告终的项目基本上是不存在的。'做到成功为止'是我们京瓷人的研发精神。"京瓷初创时，既无品牌，又无市场，大部分客户都已经被大企业垄断，他只能接到一些别人做不了的"非常规"订单。每当客户问京瓷能否接受时，稻盛和夫就会问一个时间期限，然后毫无条件地承诺在约定好的时间交货。稻盛和夫是一个科研工作者，他从来不问产品的难度，只会通过不断地实验来研发，按时交出完美的产品。就这样，京瓷能够做出其他人都做不出的产品，一步一个脚印地积累了大量客户。

在京瓷的发展历程中，最锻炼它的客户是松下。在京瓷成功后，稻

不断树立更高的目标
＋
付出不亚于任何人的努力
＋
不要有感性的烦恼
＋
严酷地磨炼自己

盛和夫曾经找到松下幸之助，深深地向他鞠躬："谢谢您当年锻炼了我。"因为松下是大采购商，所以每一次都把采购价格压得很低，第一次降10%，一些供货方就退出了；再降10%，大多数人都不干了。只有稻盛和夫，永远鞠一个躬，说句"谢谢您"，然后无条件签合约。既然你压低价格，那我就想办法研发能降低成本，还能保证质量的产品。最后的结果是，当欧美的电器企业开始在日本寻找供货商的时候，没有一家企业能够竞争得过京瓷。京瓷用这种低成本接单的方式锻炼出极强的竞争力，包括英特尔和IBM在内的世界级公司都来找京瓷合作。

付出不亚于任何人的努力

有一次，京瓷给IBM做了20万个元器件，因为不符合要求全部被退回。这要是赔偿起来，公司都要倒闭。负责的实验人员当即就感觉要"完蛋了"，打击太沉重，不如切腹自杀。这时候，稻盛和夫问他："你有没有向神祈祷过？你不是说所有的方法都试过了吗？那么，你有没有向神祈祷过？"这个年轻人想了一会儿，突然明白了，重新投入到工作中。还记得稻盛和夫踢翻松香的故事吗？神在什么时候会帮助你呢？稻盛和夫认为，只有在你百分之百地付出之后，神才会帮助你。经过全身心的付出，他们那次成功向IBM交付了4000万个元器件。没有人能随随便便成功，要想成功，就要付出不亚于任何人的努力。

不要有感性的烦恼

年轻人在工作中容易出现感性的烦恼。很多人辞职,原因是"老板对我态度不好""领导给我穿小鞋""同事不给我面子",这些和工作有什么关系呢?稻盛和夫很反感年轻人总是感叹过去不能改变的事情,比如:"我当年要是努力,现在肯定出类拔萃。""如果教育体制改革,我现在也不至于这样。""社会太不公平了。""房价这么高,怎么能买得起。"……这些感性的烦恼,都会影响你的心境,进而影响你与他人的沟通。选拔领导者时,情商非常重要。有的人聪明能干,但是情绪不稳定,不是发脾气就是言语相讥,很容易让整个团队士气低落,即使再聪明能干,也难以胜任领导者的职位。

感性的烦恼,就像王阳明所说的"私欲"。工作受挫、亲人生病时,情绪低落是正常的,但是到捶胸顿足,甚至精神崩溃的地步,就过度了。之所以会过度,主要是因为心中存有私欲,如果能去掉私欲,就不至于"失意忘形"。**减少感性的烦恼,也会让我们更专注于"做事"本身,而非情绪。**

严酷地磨炼自己

稻盛和夫认为,在创业过程中,像水牛一样的人往往比像豹子一样的人更容易成功。豹子的爆发力很强,但不能参与长跑,只能短期突破;水牛有韧性,可以年复一年不停地前进。稻盛和夫在选人时,更喜欢"七十分人才",而不喜欢那些特别聪明的人。他认为特别聪明的人是不安分的,容易产生感性的烦恼而选择离开。但是"七十分人才"则更有韧性:他们虽然看起来不那么聪明,但耐得住性子在一个地方、一个领域钻研。他认为,**人所获得的成功和聪明程度关系不大,却和钻研程度有关**。

现实中大多数人都是普通人,特别聪明的人少之又少。但如果每一个普通人都能够像水牛一样勤勤恳恳,在自己的专业领域耕耘,那么他们身上就都蕴藏着难以预估的潜力,总有一天会创造出惊喜。

出色的工作产生于完美主义

在产品方面,稻盛和夫提出要做到"100% 的完美",这是连 1% 的失误都不允许的状态。北欧航空的老总在他的《关键时刻》(Moments of Truth)一书中分享了一个观点:服务客户的关键时刻是"每时每刻"。在与客户沟通的过程中,任何一个时刻令顾客不满,之前的努力就都白费了。稻盛和夫也持有这样的观点。京瓷的一位推销员曾拿着一个近乎完美的产品去推销,却因为产品一个极小的细节没有处理好而被客户破口大骂。想想一个大男人,因为被骂哭泣着狼狈而归的场景。稻盛和夫要求,完美就是要做出能够划破手指的产品:就像刚刚印出来的钞票,仿佛只要碰一下,手指就会被划破。

这种"完美"和欧洲人说的"最好"是不同的。所谓"最好",是有比较的，意味着你比其他人强，而**"完美"不存在比较，它所向无敌。**

预见成功的状态

很多人都分享过这种方法，就是在做事之前，先预想成功的状态，这样的画面感会让你更有动力。

在参加国际大专辩论会的时候，我预想过很多次自己站在领奖台上的样子，接着往前推演：结束时评委怎样评论、怎么宣布比赛分数，以及我们等待时的焦灼、险胜后欢呼的场景。到决赛之前，我甚至会预想对手可能会说什么话，我会用怎样的语言辩论。真正辩论的时候，我发现之前在脑海中预想的很多场景、很多对话竟然真实地发生了，而最后取胜的场景也和预想的差不多。所以，要在脑海中预想成功的状态，如果你把成功的状态和场景想象出来，成功就会更容易实现。这也是全身心投入，要求100%完美的状态。

动机至善，私心了无

有人会问，这样的要求会不会太高，稻盛和夫会不会太累？稻盛和夫90多岁时，虽然罹患胃癌，依然生活得很愉快。就像文章开头所说的，工作本身就是一种修行，如果不把工作当作一种"必要之恶"，就不会存在这样的问题。在工作时，拿出"自燃型"的精神，去享受工作，去追求100%的完美，去修炼自己的心性。

在创建第二电电之前，稻盛和夫问自己，要不要尝试第二次创业，尤其是跨行业涉足移动通信领域。他不断问自己，是不是"动机至善，私心了无"。经过长时间的参禅，他得到了内心的回复，便开始第二次创业。后来他70多岁接手日航，也是出于这个信念。这个信念，使他一次又一次获得了成功。

"动机至善，私心了无"是阳明心学的精髓。包括稻盛和夫在内的诸多日本企业家都非常推崇王阳明：**去除自己心中那一点私欲，用良知、知行合一在世间磨炼**。希望每个人都能通过稻盛和夫先生的思想改善自己的工作和生活，成为一个更好的人。过好每一天，就是成功之道。

结 语

《干法》这本书尤其适合现在节奏越来越快的时代。稻盛和夫将自己一生的经历和哲学感悟传递给我们，当我们把工作当成人生的一场修炼，全力以赴地追求完美时，我们的心性就会极大地提升，自然能够体会工作的充实和生命的意义。

能够出于对社会的责任来从事工作,这样不管你从事哪种工作,都会分外享受。

02

让工匠精神
融入职业规划

先德行,后技能。己成,则物成。
——秋山利辉

▌ 推荐阅读:《匠人精神》

"工匠精神"是时下的一个热词，李克强总理在 2016 年《政府工作报告》中首提"工匠精神"。但曾几何时，"大工厂""机械化""流水线"才是先进的代名词，工业化创造了其他时代所无法想象的财富。传统意义的工匠是什么？机械、重复、不需要多少文化的工作，多少影视作品里的木匠、铁匠、棉花匠莫不是辛苦的底层劳动人民形象。

　　但《匠人精神》颠覆了这种印记。截至 2013 年，全球寿命超过 200 年的企业，日本有 3146 家，位居全球第一。德国有 837 家，荷兰有 222 家，法国有 196 家。为什么长寿企业扎堆出现在这些国家？这是一种偶然吗？它们长寿的秘诀是什么呢？答案就是工匠精神。与其说那些优秀的百年老店传承的是一门技艺，不如说它们首先传承的是工匠的气质——沉着、坚持、精益求精的心性。

　　在日本，这样的工匠精神比比皆是：《入殓师》中的葬仪师，能把各色人等的遗体打扮得如同在睡觉一样；神户的冈野信雄，能把任何污损、破烂的旧书修复如新；若林克彦研制出永不松动的螺丝打败了大公司,成为日本新干线的供应商。他们的成功已经超越了技艺层面,被更多地赋予了精神层面的意义。他们用一生的时间,用十几代人的投入只做一件事,焉能不精!

《匠人精神》是日本木工业传奇人物秋山利辉的大作,其创立的"秋山木工"的定制家具常见于日本宫内厅、迎宾馆、国会议事堂等。秋山先生强调"先德行,后技能""己成,则物成"的大道。他创立了一套一流人才的育成法则——匠人须知30条,帮助我们有效磨炼心性和品格,为社会各界所推崇。

工匠的人品比技术更重要

一流的匠人，必有一流的心性

工匠精神是什么？大多数人可能会说严谨、细致、执着，其实远不止于此。秋山利辉先生认为，工匠精神最重要的是拥有一颗孝心。如果你做的所有事情都对得起父母，让父母感到骄傲，你才会极致地对待每一个细节。我们的古圣先贤认为"君子务本，本立而道生"，那什么是君子的"本"呢？一是"发心"，解决"为何"的问题；二是"愿力"，解决"如何"的问题。我们对自己发心去做的正确事情，无论如何都能无怨无悔地坚持。发心怎么教？磨炼心性，以孝育人。秋山利辉先生其实是在用伦理治理工厂，这类似于我国古代提倡的"以孝治天下"。他在带徒弟的过程中，95%的时间都在教做人，只有5%的时间在教技术。而这95%的做人决定了你能否成为一名真正的工匠。

匠人独特的研修制度

"秋山木工"制定了一套长达八年的独特的"匠人研修制度"。凡是想要成为家具工匠的人，必须在秋山学校完成一年的学徒见习课程，培养学徒成为工匠的心性和基本生活习惯。只有结束一年的见习期的人，才有可能被录用为正式学徒,然后开始为期四年的基本训练、工作规划和匠人须知。经过四年的淬炼,只有在技术和心性上成熟的人,才被认定为工匠,可以独当一面。成为工匠三年之后,八年期满,学徒离开。

秋山利辉没有要求学徒留下来替他打工,也不认为徒弟是他的私有财产。他把徒弟视为传承日本木工文化的一颗颗种子,他希望这些徒弟走向世界各地,让大家了解手工业的美好之处。他坚信手工打造的艺术品一样的家具在世界依然会有市场。秋山利辉说:"如果一直待在我的手下,他们终究只能在秋山木工一展身手,而我的任务是培养能造福社会的匠人。他们必须为大家提供能使用几十年甚至几个世代的真正家具,所以我不能让他们充当自己的分身为我工作。"秋山利辉没有传统的门派之见,他鼓励学徒离开后自己创业或者去别的木工厂学习,因为他当年就是在不同的木工厂学习,收获了不同的技艺。他的目标是将木工的精神和手艺发扬光大。

秋山木工的 10 条规则

进入秋山木工学习的人,首先需要学习以下 10 条重要规则,这 10 条规则决定了匠人精神是如何传承和贯彻的。

1. 每一个人都要能够说出完整的自我介绍

所有人都被要求在 1 分钟之内准确地做自我介绍,不仅要介绍"叫什么,从哪儿来",还要介绍"想做一个什么样的人,目标是什么"。这不同于一般的自我介绍,除了个人基本信息,还有个人的目标和愿景。

每当你做自我介绍时，其实都在强化自己的愿景。

2. 被秋山学校录取的学徒，无论男女，一律剃光头

剃光头是为了让学徒们抛开杂念，全身心地投入到木工的学习中。

3. 禁止使用手机，只许书信联系

秋山利辉认为，一个人如果不会用书信表达感情，他就不能做出有感情的产品。当我们习惯用微信中的表情符号来表达自己的情感后，整个人都变得不那么细腻了。

4. 每年只有两次共10天假期可以回家，分别是8月盂兰盆节（每年农历七月十五日为盂兰盆节，也称中元节）和春节

离家之后，我们才会更好地理解父母有多么不易，更好地感念父母之恩。

5. 禁止接受父母汇寄的生活费和零用钱

秋山利辉带徒弟非但不收费，反而发工钱，因为他认为徒弟同时也是他的工人，需要支付酬劳。既然学徒有收入，那么就不得向父母要钱。添置任何工具，小到凿子、铁锤、标尺，都需要自己赚钱购买，只有这样，才会格外珍惜。

6. 研修期间，绝对禁止谈恋爱

恋爱过的人大概都能明白那种精神恍惚、思之若狂的情感，让人无法心无旁骛地专心学习，所以谈恋爱是绝对禁止的。

7. 早晨从跑步开始

每天晨跑15分钟，既锻炼身体，又振作精神。秋山利辉已经超过70岁高龄，依然每天与学徒一起晨跑。

8. 大家一起做饭，禁止挑食

木工需要配合，所以聊天是非常重要的一项技能，做饭正好是促进大家沟通的一种方式。而挑食的人往往也会挑工作、挑合作伙伴，一定不会成为一个优秀的工匠。

9. 工作之前先扫除

工作之前需要打扫工作现场，同时还要打扫邻里的街道，把周围的一切安排得井井有条。从西方心理学的角度来分析，周遭环境的整洁可以提高一个人的自尊水平。当自尊水平提高后，一个人会对自己提出更高的要求，并且积极地去实现这些要求。

我曾经去合肥的海尔公司讲课，洗衣机厂的厂长带我去生产现场参观。进厂前，他递给我一双白手套，说："樊老师，您戴上这双白手套，随便挑选一台机器，只要把白手套摸脏了，就算我们管理不力！"我们想象中的工厂虽不至于"脏乱差"，但毕竟是工业机器，怎么可能用雪白的手套去摸都不会脏呢？但海尔的那个洗衣机厂就是能做到这一点，并且他们的白手套被挂在工厂门口，随时等待检验。

10. 朝会上，齐声高喊"匠人须知30条"

一个工匠从入厂到离开，几乎要喊上万遍匠人须知。因为除了每天的朝会，师父还会突击检查，当有人来参观交流时，也需要流利背诵。这样反复朗诵，是为了不断给自己心理暗示，让这些标准渗透到潜意识中。真正的高手，出手时都是下意识的，不需要也容不得思考，比如古龙小说中的"小李飞刀，例无虚发"、日本剑圣宫本武藏说的"决胜在刀鞘之内"，以及运动员在攻击和防卫时的动作。当优秀工匠的习惯融入血液之中，遇到困难和突发事件，自然也处变不惊了。

匠人须知 30 条

"匠人须知 30 条"浓缩了礼仪、感谢、尊敬、关怀、谦虚……这些都是做人之本，与中国传统文化的"仁义礼智信，温良恭俭让"也是一脉相承的。每一条须知的前半句都是"进入作业场所前"，这句话是一个提醒，提醒我们把工作视为一件"神圣之事"。比如，我准备讲书，坐在摄像机前需要提醒自己；你准备和客户谈判，进入客户办公室前需要提醒自己；清洁工进入打扫的场所前需要提醒自己；理发师走到客户身边，拿起工具时需要提醒自己……

1. 进入作业场所前，必须先学会打招呼

给人留下第一印象的好坏，与见面瞬间的打招呼有关。一个能够热情地与他人打招呼的人，也一定能够热情地与人交流，从而获得客户的好感。所以，要想成为一流匠人，第一步便是要充满活力地大声与人打招呼，赢得客户的好感。如果最初做不好也不要紧，全力以赴地练习一个月，直到能够热情地、充满自信地与客户打招呼为止。

2. 进入作业场所前，必须先学会联络、报告、协商

联络、报告、协商是一个工匠的基本行为要求：当你对一个问题把握不准的时候，可以请教一下师兄或师父，这叫联络；告诉师父自己遇到的问题，然后询问师父"您看这个事怎么办"，这叫报告；与客户讨论如何解决问题，这叫协商。联络、报告、协商可以帮助你明确职责，判断问题，找到解决方案。这不是简单地对自己训练，而是明确怎样在团队中合作。

3. 进入作业场所前，必须是一个开朗的人

职场经历不可能一帆风顺，可能会被斥责、被批评，如果你不能控制自己的情绪，工作效率就必然受到影响。所以，保持头脑简单，开朗一点，不要瞻前顾后，试着放下自尊和矜持，让自己"变傻"一点，听别人说话，看别人做事，培养自己的钝感力（渡边淳一在《钝感力》一书中提出了这一概念，他认为，现代人不要对日常生活太过敏感，钝感力，即迟钝的能力，是非常必要的），不那么敏感，这样我们才能带着感恩的心，以笑脸回应对方。

4. 进入作业场所前，必须成为不会让周围的人变得焦躁的人

秋山利辉说："那些让周围的人变得焦躁的人，多半是习惯以自我为中心，不会考虑别人感受的人。总是优先考虑自身利益，从不站在他人立场上为别人着想的人，是不可能关心客户的。"

我有一次去车站附近的一家小饭馆吃饭，一进去就感觉饭馆所有的服务人员都只关心一件事，就是试图让我离开。周围没有其他饭馆，我只好硬着头皮点餐，问了好几种菜品，服务员冷冷地说："这个没有，那个也没了，只有套餐。"没办法，只好点一个套餐，问大概多长时间，服务员说："半个小时，你能等吗？"既然没有别的选择，那就等吧。于是先交钱，等了十来分钟，饭好了。我正吃着饭，服务员开始把旁边

的凳子架到桌子上，一边架一边说："你上那边吃去吧，这边我要拖地。"你能想象我正吃着饭，桌子上架满了凳子，然后脚下开始拖地的状况吗？关键是，那时才傍晚7点，正是饭点，我硬是忍住脾气把饭吃完了，但内心真是焦躁啊！当时我就特别希望有更多的人能了解这本关于工匠精神的书。

5. 进入作业场所前，必须能够正确听懂别人的话

如果一个工匠没听明白客户的要求，就贸然行动，必然会事倍功半。有的人喜欢打断别人说话并且自以为是地下定论，不等对方说完就说"我知道"，往往曲解了客户的意图。如果一个工匠清楚地明白客户的需求，知道怎么做才能让对方惊喜，结果肯定是截然不同的。

6. 进入作业场所前，必须先是和蔼可亲、好相处的人

我曾经见过几位优秀的设计师，有的是设计服装的，有的是设计珠宝的，无一例外的是，和他们聊天令人神清气爽、意犹未尽。因为他们特别善于体察客户的需求，并且尊重客户的选择，这样设计出来的产品才能让客户满意。

如果让你选择，你愿意让态度诚恳的人服务，还是态度恶劣的人服务？如果你是上司，你愿意带和蔼可亲的人，还是面色紧绷的人去各种重要场合应酬？答案不言而喻。

用亲切的态度面对客户，如果对方满意，自然会成为回头客。而以亲切的态度对待工作伙伴，大家的凝聚力就会提高，能在短时间内获得极大的成果。如此一来，工作自然就能不断精进。

7. 进入作业场所前，必须成为有责任心的人

有责任心的人，不仅对自己、对父母、对同伴、对客户负责，甚至还会对社会负责。这种责任心可以让我们集中心力工作，面对困难坚韧不拔，遇到问题主动面对。我希望大家**能够出于对社会的责任来从事工作，这样不管你从事哪种工作，都会分外享受。**

8. 进入作业场所前，必须成为能够好好回应的人

在与他人交谈的时候，需要明确地做出回应，比如"是的""可以"。要知道，在日本回答"是"都非常果断，他们很少说"差不多""凑合吧"。很好的回应也能够让对方更愿意与你进一步沟通，明确他的需求，这样才能避免错误发生，准确无误地制作产品。

9. 进入作业场所前，必须成为能为他人着想的人

没有关怀他人之心，就无法成为好工匠。一个能够设身处地、处处为他人着想的人，他的工作必然能够打动人心。

10. 进入作业场所前，必须成为"爱管闲事"的人

秋山利辉自己就是个"爱管闲事"的人。徒弟的坐姿不好，他要管；徒弟吃相不好，他也要管。他认为"爱管闲事"不是件坏事，"各人自扫门前雪，莫管他人瓦上霜"才可怕。你有没有听过"这事不归我管，你找×××"这样的话？一定有。如果是客户被敷衍，他一定火冒三丈，认为对方是在踢皮球，再想挽回，就难上加难了。

公司中总有一些灰色地带界限不明，如果有人能"管点闲事"，多做一点或是多问一句，工作立刻就会顺利很多，甚至会有意想不到的收获。我家有个亲戚是一位优秀的保险销售员，业绩做到全陕西省第一名，

相当了得。她有次下班时看见一位客户在大厅骂骂咧咧："你们保险公司都是骗子……"这其实跟她没关系，但她还是主动上前询问："先生，您是不是有什么不满意？您可以跟我说说。"客户没好气地说："你是干吗的？"她说："我就是您骂的这家公司的，我不是领导，但是我想让您知道我们不是骗子，所以看看能不能帮您解决问题。"客户一听，脾气也缓和下来。接着，她帮客户解决了理赔的问题。没想到过了几天，客户找到她，居然主动购买了 100 万元的保险。

《重新定义公司》介绍了谷歌公司的一条理念——精英是没有地盘意识的，与秋山利辉的想法如出一辙。"爱管闲事"的人，都有一颗"把事情做得更好"的心，自然能够成长得更快，收获自然也更多。

11. 进入作业场所前，必须成为执着的人

这里的"执着"不同于佛教中的"执念"，更类似于"精进"，对事情"不放弃"，努力做到"更好"。每逢盂兰盆节，徒弟们都回家了，偌大的工厂就剩下秋山利辉一个人。他把木料收集起来，开始发挥自己的创意。有一次他打造了一张大家从来没有见过的桌子，等到徒弟们回来，非常诧异，大家都在猜这用的是什么工艺，实在太奇特了。所以，执着就是不断精进，想办法把事情做得更好。

12. 进入作业场所前，必须成为有时间观念的人

一个随意迟到或者找各种借口迟到的人，一定不会成为优秀的工匠。有时间观念的人会信守承诺，合理地安排时间，在约定时间之内达成要求，这也是对他人的尊重。总是在意时间的人，一定也是走在前面的人。如果一个人以两倍的速度学习，就能在一年内获得两年的成长。

13. 进入作业场所前，必须成为随时准备好工具的人

工具配备得整齐完善，就可以马上投入工作，进而提高工作效率。此外，工具是帮助我们生活和工作的伙伴，收拾整齐是对它们表达感谢的方式。中国宋明理学强调"诚"字。你对凿子或锤子有没有诚意？当你能像对待朋友一样对待这些工具的时候，你就做到了"格物致知"，也表明了你的工作态度。

14. 进入作业场所前，必须成为很会打扫整理的人

收拾打扫是工作的最后一道程序，直接影响到下次工作的展开。这不仅是为了找东西方便，还代表着一种态度。比如理发师的工具包、医生的手术器具、修理师傅的工具箱，客户会依此来评定你是否专业。

15. 进入作业场所前，必须成为明白自身立场的人

"明白自身立场"就是要在工作中对自己有准确的定位，扮演什么角色就唱什么戏。师父的立场，如同战场上的将军，发号施令，统筹全局。而工匠的立场就是迅速、正确地执行上级的指示。人的立场有很多种，只有不断地思考自己所处的立场，才能够理解对方的意愿，进而明白自己该怎么做，然后付诸行动。

《论语》记载，子路曰："卫君待子而为政，子将奚先？"子曰："必也正名乎！"子路曰："有是哉，子之迂也！奚其正？"子曰："野哉，由也！君子于其所不知，盖阙如也。名不正，则言不顺；言不顺，则事不成……"说的是，孔子要到卫国为政，子路问他最先做什么。孔子说首先必须正名分，子路觉得没这个必要。孔子表示，名不正，则言不顺；言不顺，政令就很难施行。所以我们<u>首先需要弄清楚自己所处的</u>

立场，明白自己的职责。

16. 进入作业场所前，必须成为能够积极思考的人

秋山利辉小时候学习很差，体育也不好，几乎一无所长。他16岁开始当学徒，之所以可以成为日本最有名的工匠之一，是因为他相信"天生我材必有用"，坚持学习，从不自我贬损。

我们在人生旅途中会遭遇各种各样的难题。不论发生什么，我们都应该想到，生而为人来到世上是多么不易的一件事。每个人往前追溯10代到约300年前，会有1024位祖先，其中只要少了任何一人，就不会有现在的自己。所以我们是带着多么幸运的基因诞生的，是多么独特的存在。我们必须带着积极思考的能力前行。

17. 进入作业场所前，必须成为懂得感恩的人

心怀感激，是工匠的基础，即使遭遇挫折，感恩也能让我们变得谦虚。能对所有事物心怀感恩的人，必然是能持续成长的人。

18. 进入作业场所前，必须成为注重仪容的人

秋山木工的工匠和学员，每个人都穿着统一的工作服，胸前绣着自己的工房名和姓名。他们每次去拜访客户的时候，必须准备一双白袜子，在进门时换上。商务场合很少穿白袜子，因为不好搭配衣服，但他们为什么选择白色的袜子呢？因为安全。白色袜子醒目，可以帮助分辨脚所站的地方，避免踩到异物而受伤。除此之外，白色也代表干净和自信，高档餐厅的桌布、高档酒店的床单也会选择用白色。

19. 进入作业场所前，必须成为乐于助人的人

我曾遇到过一位课程助理，让我印象深刻，他是我迄今为止见过的

最棒的课程助理。我讲课时通常不需要助理帮忙，所以他在一边旁听。课程结束后他告诉我，我的排版不够专业，所以他帮忙把所有的课件重排了一遍，连个别错字也顺手改好了。排完之后，他把新的文件拷贝给我，同时打印了一份纸稿，方便我阅读和复印。这简直太让人感动了，直到现在我都记得他。

所谓"助人"，是指在看出对方需要什么之后，预先采取行动，提供对方需要的帮助。当别人要求你时才采取行动，是下下策；别人做什么，你也跟着做，是中策；别人没有要求，你就能提前意识到并采取行动，是上上策。

20. 进入作业场所前，必须成为能够熟练使用工具的人

如果善用工具能够达到如臂使指的境界，那么优秀的作品自然指日可待。但要达到善用工具的境界，需要不停地训练，而且要不断突破你的舒适区。

21. 进入作业场所前，必须成为能够做好自我介绍的人

这条在秋山木工的10条规则中介绍过，就是在介绍自己时能同时说出自己的目标、愿景，甚至价值观。

22. 进入作业场所前，必须成为能够拥有"自豪感"的人

对一名工匠来说，带着荣誉感做事很重要。尽量使用简单易懂的语言，让客户感受你的喜悦和自豪。比如，工匠向客户交货时，可以夸夸自己制作的家具："我们做的家具使用的是××地方产的××木材，为了让家具和摆放空间协调，我们花费了不少心思。"当你与所有人分享自豪感时，你的工作也会获得别人的尊重。

23. 进入作业场所前，必须成为能够好好发表意见的人

秋山利辉的工厂，氛围开放，大家对于工作经常探讨，每个人都会分享自己的看法："如果是我，我会……"对于遇到的问题，大家有商有量，共同解决。

需要注意的是，"好好发表意见"不是"指手画脚"，而是提出建设性意见。什么叫建设性意见？你打开 GPS 导航就能感觉到，全是建设性意见："前方请右转""前方请掉头""您已偏航，重新规划路线，前方 200 米请掉头"……它永远都在帮你做下一个重要的决定。

阿里巴巴的人力资源总监曾经在演讲中说过这样一句话："我在阿里巴巴最重要的工作，就是在马云做任何决策的时候，我都保证这个决策更正确。"CEO 的决策并不总是对的，讨论和建议都是在决策做出之前的工作。一旦决策做出后，她不是反对或者质疑，而是努力让这件事情向更正确的方向发展，这就是建设性工作。

24. 进入作业场所前，必须成为勤写书信的人

秋山利辉在服务完每一位客户后都会给他写一封信，而且经常与老客户写信保持沟通，写信是能够给人带来好感的一种方式。

我做读书会需要审阅大量的图书，然后挑选适合的讲给大家。很多人都会主动向我推荐图书，有一位出版社的编辑对我的影响很大。她每次寄书时都会写一封信，夹在书中一同寄来，她推荐的图书我也会格外关注。慢慢地，我会觉得这是一种独特的沟通方式，当你的文字带着真情实感，它会比千篇一律的问候，更能打动人心。

25. 进入作业场所前，必须成为乐意打扫厕所的人

这个规则听起来比较令人费解，秋山利辉是这样解释的："厕所和心灵是我们每天都要使用的东西，如果不保持清洁的话，就一定会出现麻烦。"世人只知心灵高洁、厕所污臭，却不知高洁可以从污臭中来，通过洗刷最脏的场所，可以磨炼自己的心智。

26. 进入作业场所前，必须成为善于打电话的人

美国一位优秀的销售人员曾说过："你在电话这端是否微笑，对方是能够听见的。"人的听觉是很敏感的，即使只听声音，也知道对方是严肃以对还是微笑回应。另外，需要简明易懂地表达自己，避免使用模糊的字眼，回答一定要具体。

27. 进入作业场所前，必须成为吃饭速度快的人

索尼曾经有一个招聘怪招，把前来应聘的新人集合到大厅吃饭，老板在二楼暗中观察，但凡吃饭慢的，直接淘汰，不允许再进入下一轮测试。这简直匪夷所思，因为从健康角度来讲，吃饭就是应该细嚼慢咽。但是，日本工匠的工作常常需要集体配合，所以工作和吃饭都要在一起，只要有一个人吃饭慢了，就会影响所有人的工作。所以，工匠精神提倡"必须成为吃饭速度快的人"，这也是对他人的尊敬。

28. 进入作业场所前，必须成为花钱谨慎的人

大家是否发现，创新最活跃的地方，往往都是资源最贫乏的地方。比如日本，我们称之为"弹丸之地"，其土地资源、矿产资源都不丰富。穷则思变，日本人花费巨大的精力去改善，所以日本也是全球创新最活跃的国家之一。

花钱太多，意味着资源太丰富，反而让你忘记在工艺上改良，所以工匠必须成为花钱谨慎的人。

29. 进入作业场所前，必须成为"会打算盘"的人

这是带有行业特色的一项要求，因为秋山利辉认为，一流的工匠需要快速算出产品所需的材料、时间、人工等。"会打算盘"一方面可以帮助计算，另一方面可以锻炼手指的灵活度，一双巧手也是工匠不可或缺的。

30. 进入作业场所前，必须成为能够撰写简要工作报告的人

秋山木工的学徒每人会发一个大大的素描本，每天训练后都需要写工作报告。报告需要记录成功，也要记录失败，通过前辈审阅后写的评语，了解自己为什么会失败。大约一两个月就能攒够一本笔记，寄回给父母，也要求父母写上鼓励的话。你能想象父母看见原来不那么听话的孩子写的一整本厚厚的笔记时的感觉吗？鼓励的话语可想而知，而学徒需要在晨会中大声朗读这些话。一个孩子大半年无法回家见父母，他们几乎是一边哭一边读，肩负父母的期许，带着对父母的感激，怎能不精进！

以上30条规则，1/3与沟通有关，剩下的大部分与尊重、习惯、磨砺心性相关，直接与技术相关的，只有第13条和第20条。这就是秋山利辉为什么说，"95%的时间都在教做人，只有5%的时间在教技术"。

"匠人精神"不仅仅适用于木工，还适用于各行各业的从业者。无论在哪个行业，要想成为一流的人才，都需要发挥自己的潜能，在精神和身体两方面打好扎实的基础，积累知识，才能成就卓越。

一流匠人的成长之路

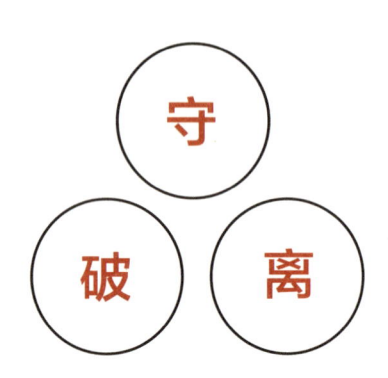

守
破　离

要想成为一流工匠，必须经历"守、破、离"三个阶段。

"守"，就是跟随师父学习，模仿作为工匠所具备的一切要素，忠实、全力地吸收师父所传授的知识。我认识一位知名编剧，他刚刚入行的时候摸不着门路，于是想到用"看着电影说剧本"的方式来训练自己。他把所有能想到的优秀电影都找来，看着电影场景，用语言描述出来。如此反复，久而久之，他越来越能摸清优秀电影的亮点。这就是"守"，是"破"的基础。

"破"，就是在全部吸收师父传授的知识，形成了坚实的基础后，在既定的形式中加入自己的想法，形成自己的风格。

"离"，指的是从师父那里脱离出来，开创自己新境界的阶段，就像在秋山木工，工匠从第九年开始独立，寻求新的突破。

结 语

我们都知道,一流的产品必然源自一流的人才。要想成为一流的人才,必然要有一流的心性。而一流的心性是怎样磨砺而成的?不是靠苦练技艺,也不是靠翻阅书本,而是从打招呼、扫厕所、熟练使用工具等琐碎点滴磨砺而成的。谁能想到决定一流产品、一流人才、一流心性的竟然是平日生活和工作的细节修炼。

所谓"合抱之木,生于毫末;九层之台,起于累土",正是这样的道理。因此,不必对"高大上"抱以羡畏之心,如果你能从小事、俗事、平常事做起,秉承工匠精神,你也一样可以成就精彩的人生!

在生活和工作中，
任何造成你反应过度
或者反应不足的事情
都可能反过来控制你。

PART 2

永远给自己一个
行动扳机

03

向时间管理要效益

虽然整日事务缠身,却仍然能够头脑清醒、轻松自如地控制和处理一切。
——戴维·艾伦

▌ 推荐阅读:《搞定》

荐 语

在当今这个节奏快、压力大的生活环境中，时间管理、效率提高是每个人都在思考和探索的事情。时间对于每个人都是公平的，有的人终日忙忙碌碌，却无成效；有的人井井有条，即使工作繁重也气定神闲，并且还能取得不错的成绩。

为什么有的人效率高，而有的人效率低呢？史蒂芬·柯维（Stephen Covey）曾提出"四象限法则"的时间管理理论，用"重要"和"紧急"两个维度把事情分为四类：重要且紧急、重要但不紧急、不重要但紧急、不重要也不紧急。他告诫我们，要少做不重要也不紧急的事，优先做重要且紧急的事，给重要但不紧急的事情留出足够的时间，这样才有可能让重要而紧急的事逐渐减少。

如果一个人整天都在做不重要也不紧急的事，那他的人生终将碌碌无为。如果总是在做不重要而很紧急的事，虽然看起来很忙，但是没有什么成效，对于这类事，要想办法委托给别人做或者尽量少做。如果重要且紧急的事做得太多，压力就会倍增，难免"忙中出错"。重要但不

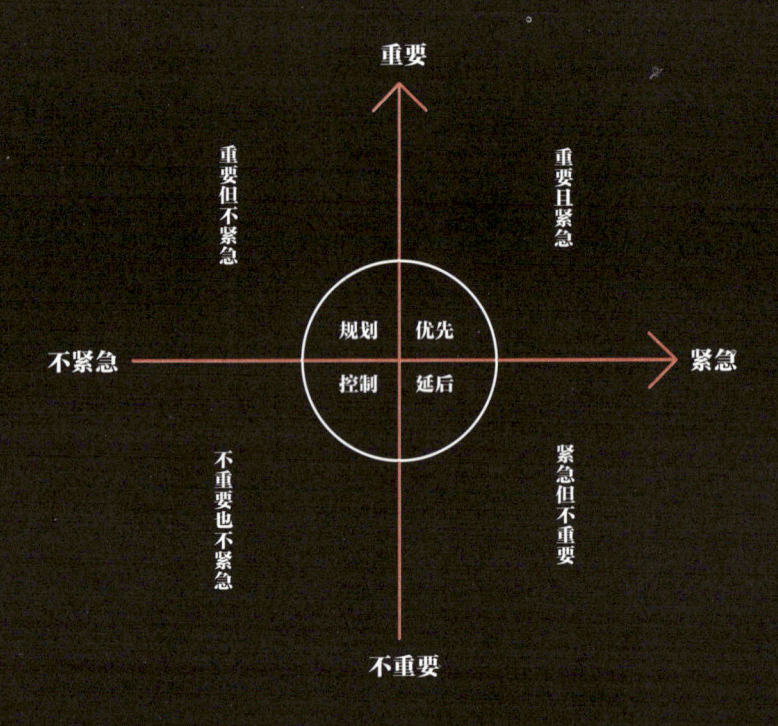

```
              重要
               ↑
               |
    重要但      |      重要且
    不紧急      |      紧急
               |
               ╱─────╲
              │ 规划 优先 │
不紧急 ───────┼│      │┼─────── 紧急
              │ 控制 延后 │
               ╲─────╱
               |
    不重要也    |      紧急但
    不紧急     |      不重要
               |
               ↓
              不重要
```

　　紧急的事，比如学习、战略规划、培养下属成长，如果长期不顾不管，它们慢慢就会变成重要且紧急的事。

　　这个时间管理理论被广泛认同，但在长期的实践过程中，并不总是奏效。《搞定》（*Getting Things Done*）这本书提供了一种操作性更强的时间管理方法，由其英文书名首字母组合而成的"GTD"也成了一个时间管理的专有名词，它代表作者戴维·艾伦（David Allen）式目标时间管理法。这种方法可以让你达到自己想象中的一种最佳状态：**虽然每天事务缠身，却仍然能够头脑清醒，轻松自如地控制和处理一切。**

心无杂念，安于当下

为什么很多人虽然懂了时间管理的道理，却依旧无法管理好自己的时间呢？因为尽管知道重要且紧急的事需要做，但总是无法集中注意力。比如，我给自己留出完整的两个小时做某项计划，但总是定不下心来，不是想着下午有个重要的谈判，就是想着晚上还要讲课，这些都是紧急的工作。结果心里烦躁，也没办法安心准备那项计划。很不幸，这就是现在很多人生活和工作的状态——心不在焉。你的心并没有放在你所做的这件事上。

孟子曰："学问之道无他，求其放心而已矣。"所谓放心，即找回失去的本心，放在专注的事情上，这就是学问之道。在《搞定》中，作者的很多观点与中国至高的时间管理智慧不谋而合。比如，庄子曰："至人之用心若镜。"意思是至人的心像镜子一样，事情来了在面前自然显现，事情走了心也清空了。老子让我们学习婴儿，很小的孩子刚刚还难过得掉眼泪，一扭头，还挂着两行泪水就可以全身心地投入到眼下的玩耍中去了，待会儿要是想起来，接着哭，哭完之后又可以很投入地玩耍。这才是专心致志的人工作时应有的状态：尽管下午有一个严肃的谈判，晚上还有一堂重要的课，但也不影响我把当下的工作做好。

中国古代哲学的时间管理智慧是需要很长时间去修炼的。王阳明是这一理念修行的集大成者，他提出的办法是知行合一，你的心心念念都在你所做的事情上，才叫真正的知行合一，这也是佛教中所说的正念。

适度反应

空手道中用"心如止水"来形容一切就绪的状态。想象把一粒石子投入沉寂无声的池塘，池塘中的水会有什么反应呢？根据投石的重量、速度、角度，可能激起一片涟漪，也可能溅起水花，然后归于平静。池水既不会反应过激，也不会置之不理。空手道用这种方法告诉我们：**对于外在事物的反应要适度，既不能没有反应，也不能反应过度。**我们之所以要学习水，就是因为水具有这种德行：让它动的时候它能够有反应，可立刻又恢复平静。**在生活和工作中，任何造成你反应过度或者反应不足的事情都可能反过来控制你。**什么叫反应过度？就是有的事本来没那么严重，但你表现出过多的焦虑，这种焦虑就会反过来控制你，让你在那一刻什么事情都做不了。有的事不至于让你那么生气，但是你气得一下午都不想说话，晚上吃不下饭，夜里睡不着觉，生气就已经控制住你了。什么叫反应不足？有的事你早就该处理，早点处理就没事了，但因为你懒、拖延，到最后，事情变得很严重，它会反过来控制你。

任何造成你反应过度或者反应不足的事都有可能反过来控制你。很多人对一些事情不是过分关注，就是不屑一顾，而没法做到心如止水。孔子提倡的中庸是一种大智慧。怎样才能做到适度呢？

《搞定》的作者在20多年的培训生涯当中，发现了一个极为普遍的情况：由于人们对自己做出的承诺或者承担的义务管理不当，他们承受着重重的压力和折磨，如果能够学会对生活中悬而未决的问题加以控制，就可以有效地缓解压力。所谓悬而未决的事，就是那些能够经常唤醒你模糊记忆的事情。其实困扰我们的不是这件事情本身，而是未完成的事情给你带来的无形压力。你总要在心里分出一部分精力惦记着那件事，这会导致你眼下所做的事效果打折扣。

东方哲学会告诉你，忘掉脑海中的那件事，只处理眼下的事，但要做到很难。西方人的方法是给你做一个工作篮，里面装着待处理的事，你只要把未处理的事扔进这个工作篮里，然后一件接着一件地处理就好了。现在有了智能手机，通常都自带日程表，你可以把自己要做的事记录在日程表中。比如周三下午2点到4点要进行一个谈判，那么在周二上午10点到12点，要腾出时间来为这个谈判做准备。当你记下了这件事情，同时记下了它的准备时间，你就可以把它从记忆区删除了，你的精力只需要放在眼下该处理的事上即可。到了计划时间，你再认认真真完成既定的安排。用这种方式来规划工作和生活，你会发现自己的心平静了很多，思绪也不会飘浮不定。这就是工作篮的原理，当然，《搞定》中有一系列方法来帮我们把这个工作篮做得更好。

自下而上的行动管理

一般观点认为,最恰当的做事方式是首先确定个人或者公司的总体目标,然后定义工作的主要目标,最后把焦点集中到实施细节上。但是多年的观察经验告诉我们:**自下而上的方法其实更具实用价值,也就是从你当前任务的最底层入手。**

设想一个场景,你穿着一件宽大的泳衣走到游泳池,这件宽大的泳衣一进水里就松了,随时可能会掉。这时候眼睛紧紧地盯着远处的那个目标是没用的,因为你的手里还要提着泳衣防止它掉下去。所以,与其整天盯着那个远处的目标,不如先给自己换一件合适的泳衣。先把自己身边的小事处理好,才有可能全身心去为未来的目标服务,所以行动管理最重要的技巧是把一切事物赶出你的大脑。在实际行动中,要尽量让自己凭直觉去挑选执行的行动,而不是重新思考那些行动的来龙去脉。

对同一件事情不需要进行两次相同的思考,我们经常会反复地思考同一件事情,你要把自己的大脑处理成一种 CPU 和内存的关系。CPU 不负责存储,把存储全部交给内存。需要运算什么,从内存中调出来,用 CPU 来处理,处理完之后再把它丢回到内存中去。所以,清空你的大脑意味着你要把一些事情放到你的智能手机或者日程表里,这时候你的大脑就只负责处理眼下的事情了。**不要费脑子去反复地思量同一件事情,因为你在反复思量那件事情的时候,其实那件事并没有推进,这是自下而上的行动管理。**

五步骤高效管理时间

准备阶段：触发扳机

在进入工作状态之前需要做一些准备工作，比如，给自己安排一张舒服的桌子，周围放一些自己喜欢的书或者一台笔记本电脑。为自己营造一个愉悦舒适的氛围，然后给自己一个触发扳机，这个概念在《瞬变》中提到过：希望养成一个习惯，最好是给自己一个行动触发扳机。

这个行动触发扳机有什么好处呢？比如，这张桌子的布置风格环境都是我喜欢的，我坐在这里就可以安心地写作，或者安心地打字、专心地画画，干什么都可以。所以画家需要一间画室、一块画板、一张大桌子，我们需要一个让自己安心的办公区和一张准备好的办公桌，建议不要跟别人共享，包括家人。如果有旁人在，你本来想去工作，结果看见地方被占了，心里就默默地放弃了，想"今天就算了吧"，于是这段时间又被你浪费了。

除了给自己准备一个精心布置的工作区以外，还要给自己准备一个移动的工作区，这是随着时代发展，我们生活方式改变后需要开发出的另一个时间管理方法。出于工作和生活的原因，很多时候我们都需要乘坐飞机、火车去另一个城市，频率变得越来越高，你可以让自己在移动的区域里腾出时间来处理公务或者看书。飞机上很安静，没有人跟你说话，手机也不能用，这个时候排遣无聊的最好方法就是看书。每次我出

① 准备阶段
　触发扳机

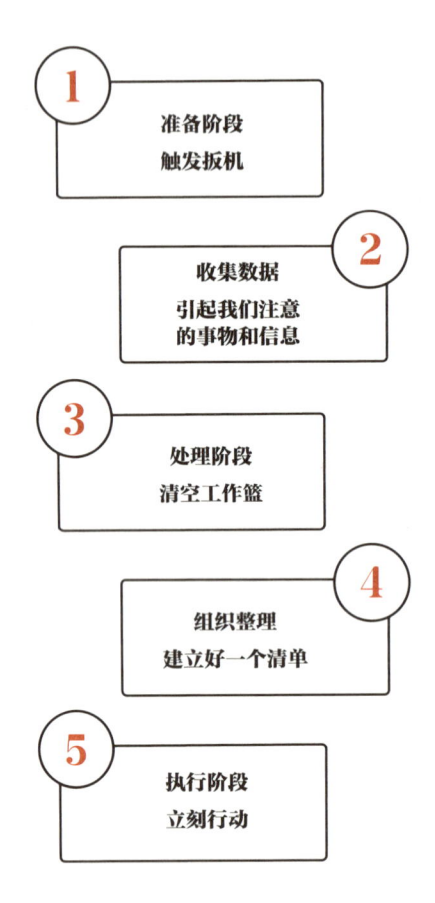

② 收集数据
　引起我们注意
　的事物和信息

③ 处理阶段
　清空工作篮

④ 组织整理
　建立好一个清单

⑤ 执行阶段
　立刻行动

差都会带两本书，飞过去看一本，飞回来看一本。因为没有人打扰，所以效率往往很高。当你给自己准备好工作区以后，就要提醒自己提高工作效率。

收集数据：引起我们注意的事物和信息

收集数据是指收集一切引起我们注意的事物和信息，无论大小、轻重缓急。收集的数据包括两个方面：一是外在的数据收集工作，二是内在的数据收集工作。

外在的数据收集工作包括搜索你周围的环境，从你的办公桌开始，扩展到你的抽屉、柜子等，这些地方要保持清爽干净，不要有冗余的堆积，庞杂的东西会形成干扰。内在的数据收集是指搜索那些仍然存储在你脑海当中的事情。有的人认为时间管理就是管理工作上的事情，比如"要跟张总见面""要跟小刘谈一谈""要去签个合同"……他虽然有很多事情要做，但并不代表效率高。他很可能因为儿子在学校打架、老婆要求添置新家具等家长里短的事情而心烦意乱，无法高效完成工作上的事。其实这种想法是有偏差的，教养孩子、关心另一半、照顾父母、帮衬朋友，等等，这些都是人生的一部分，你为人生中重要的事情烦心，本身就是不对的。事实上，处理这些事情的时间可能没有你想的那么多，但是一直拖着不处理就会造成你和他人情绪上的变化，导致你对这些事变得更加敏感。因此，这种工作之外的数据也需要收集起来。

戴维·艾伦建议我们拿出一张纸写下要处理的事情。一张纸就写一件事，处理完这张纸上的事情之后，就可以在下面空白的地方写下你处理的方法和过程，这张纸就可以存档了。如果事情不重要，你可以做完后把它撕掉。当你把所有的事全部都用纸或手机 App 记下之后，你的搜集工作就做完了。

处理阶段：清空工作篮

处理阶段的任务就是清空工作篮，在这个阶段，你需要对收集的所有信息进行处理。彻底地清空你的工作篮，这并不意味着完成你收集到的所有工作，**因为你所收集的工作未必一定都要由你来完成**，但是你必须处理它们。

处理阶段有三个基本原则：

第一，先处理工作篮中最上面的事情，就是比较着急的事情。比如，老婆让你买家具，如果再不买的话她就要生气了，你就得赶紧把这件事情处理了，其实打个电话或者去淘宝买就好了。

第二，一次只做一件事。这是一个特别重要的建议，我们经常一件事做到一半，就搁在一旁去做另一件事，没等做完，又搁在一旁。这样会导致很多事你都只做到一半就忘了，下次启动又得从头开始做。这种方式费时又费力，所以一次就做一件事。

第三，不要把事务再次放回工作篮。在处理事务的过程中，你可能会面临一个问题：某件事情处理到这一步没结束，但是不知道下一步该如何行动。这时候有三种情况，如果能够找到具体的下一步行动，那么你就需要权衡是立即执行把它完成，还是指派他人完成，或者是延迟处理。在不得已的时候，我们才会延迟处理。能够立即完成的就立即完成，如果能够指派他人完成就指派他人来做。如果是延迟处理，你就需要在工作篮中记录下来。

工作篮中有一些内容是不需要采取行动的，此时你需要对它们进行分辨。如果这件事现在根本决策不了，三年后再说，那么就把它扔在一边，或者这件事只能作为参考资料收集起来。这样工作篮中需要处理的事务就会逐渐减少，可以想象一下，你有一个工作篮，里边放了很多件事，做完一件拿走一件，做完一件归档一件……你的工作就会变得越来越少，你的生活也会变得越来越高效。

组织整理：建立好一个清单

从组织整理的角度来看，需要跟踪和管理的事情，戴维·艾伦把它们大概分成七类：项目清单、项目的辅助资料、记录在日程表中的行动和信息、下一步的行动清单、等待清单、参考资料和"将来、也许"清单。保持这些类别之间的界限分明，是整个组织整理工作中非常重要的一部分。除了坚持对个人系统进行详细清晰的分类之外，还要关注建立和使用核查清单，它可以帮助你关注项目事件、爱好、职责等领域中可能出现的各种潜在问题。通常情况下，团队或公司内部组织的这种咨询活动最终会形成一份极具参考价值的核查清单，其中包含了对日后面试新人和培训员工的一些重点方向。

管理一个团队或一个组织，并希望这个组织能够同步往前推动。这种管理方式比管理一个工作篮要复杂得多，你需要有七类时间，并且将这七类时间分门别类地管好，这样才能看到整个团队在向前不断地推动。《哈佛商学院最受欢迎的领导课》中有一个很重要的概念：当一个团队有了**共同的愿景**之后，最重要的行动就是确定**关键要务**，只有团队中的每一个人都知道自己这个岗位的关键要务，并且能够通过推动这个关键要务来达成**关键指标**，才能够保证我们实现最终的愿景。

组织整理的这一部分，其实跟关键要务是有关系的，戴维·艾伦在这里把它扩展成项目管理的概念,有很多这种不同项目类别的资料整理。为了使得时间管理变得有效，需要**养成检查回顾的好习惯**，只有检查回顾才能够保障系统有效地运行。在事务或者项目做了一段时间、一个阶段以后，我们就需要开始**回顾**了，我们应该关注哪部分内容安排在什么时候进行，回顾应该怎样进行，隔多久再进行一次。回答第一个问题我们可以从三个方面入手：首先，**查看日程表**；其次，检查我们的**工作清单或者根据情景来选择恰当的回顾内容**；最后，你至少需要每周回顾一次那些**悬而未决的事情**。这种回顾能够帮助你在忙乱的生活中谨记最重要的工作和最重要的目标，把握住自己的方向。每周核查一下你的关键要务到底有没有推进，这的确是令所有团队最挠头的事。我经常向自己的团队强调的事情就是：这一周的关键要务到底是什么？实现了没有？如果没实现，原因是什么？怎么排除它？这样才能够保证每周都会有新的变化发生。

执行阶段：立刻行动

当一件事情即将被付诸行动时，其实你就已经完成了对大量可选方案的筛选，也有了基本的方向。但请不要急于行动，可以留出一些时间做一个头脑风暴，它会有助于你做出最终的科学决策。这个暂缓的行动非常必要。怎么做头脑风暴呢？当你启动大脑去思考某个问题时，你可以把所有的想法都罗列出来，再对罗列的想法进行分析筛选。头脑风暴有几个关键的技巧：不要判断，不要质疑，不要评估，不要批判。一个想法冒出来，就把它写下来，你有一招，其他人还有别的招，大家凑在一起，每个人都可以畅所欲言地谈自己的想法。如果能够各抒己见、集思广益，我们就可以获得大量的思路和想法。在这个过程中，千万不要过早地开始讨论和批评，这会使得头脑风暴的效果减弱。有时候开会的效率很低，就是因为有人刚刚提出一个想法，另一个人就说"你那个不行"或者"需要很多钱""条件还不成熟"，等等，一旦出现了争论，其他人就没有动力再提供更多的想法了。所以，效率最高的方法就是罗列，有想法就罗列出来，罗列的数量越多，就越能减少思维的盲区。最后，再组织分析这些想法，从中找出一个你认为最合适的来实施。

这五个步骤是我们处理问题的基本过程，在套用这些方法来管理自己生活的时候，我们需要养成收集的好习惯，比如带一个小本子，把重要的事情记在本子上。一个好习惯的养成是我们处理一件复杂事情的基础。

精明的人更容易拖延

我们身边都有这样的朋友，他们很聪明，总被大家看好，但是他们经常耽误事，有严重的拖延症。为什么在这些聪明人列出的清单上，未解决和未确定的事情是最多的？因为他们的感悟能力很强，他们会在大脑中想象执行工作时将会遇到的困难，以及如果工作失败了会带来什么样的负面影响。这些预想会使他们躁动不安，然后他们就放弃了。

有人说拖延症来自完美主义，因为完美主义者的大脑反应太快，能够看到做这件事的种种困难，能够看到如果做不好会产生的后果。他们害怕承受别人的批评，所以他们的办法就是给自己找一个理由："我是实在没办法拖到最后一刻才做的，请你不要批评我。"很多人拖延的最根本原因是他们要给自己留一个余地和借口："不是我做不好，是我时间不够，所以请你理解我。"但你为何要拖到时间不够的时候才做这件事呢？很多人热衷炫耀自己的拖延症，你建议他改正，他会说自己改不掉，为什么会出现这样的情况呢？其实原因很简单：他们没有勇气面对自己全力以赴之后还要遭受批评的可能。

别人的批评真的有那么重要吗？如果有一天，你能够意识到别人的批评并没有那么重要，你在别人眼里并不是那个被整天盯着的焦点人物，或许就会让自己更加轻松。古人常讲，行所当行。做你自己该做的事，不要拖延。

我们眼里的聪明人大多都是因为脑子里想得太复杂、事太多，导致很多时候效率反而不高。这让我想起许三多、阿甘这样的影视人物，为什么他们能够很快做成一件事？因为他们具有钝感力，阿甘说要去开捕虾船，他就去开了，根本没有想过这件事有多么难、多么惨。他答应朋友了，就一定要去完成。有时，大脑越是简单的人，执行力反而越强。因为他们的顾忌、心中的斗争和纠结会减少，而这些都是浪费我们时间的重要因素。

　　人，可以学着活得简单一点。用西方人的话说，就是活在当下。这不是一件简单的事情，而是非常难修炼的过程。《搞定》教给我们西方的方法是：借用 CPU 和内存的关系来对待你的大脑，将存储功能隔离，从而减少大脑中不必要的烦躁和担忧。将你需要处理的事情分门别类地记录，然后一件一件地解决好。采用这种工作方法处理问题，你的工作能力会不断增强，需要处理的事情也会越来越少。

结　语

　　如果你想把时间管理好，想让自己成为一个高效率的人，就要关注事情的结果。关注事情的结果就是要在脑海中对自己要做的事情有一个正面预期，当正面预期在你脑海中出现的时候，你才有动力去做这些事情。有一个具体明确的目标放在那里，就会迫使你确定下一步的行动。当你开始行动的时候，首先一定要学会心无旁骛地做事，学会心如止水，让内心保持清澈宁静。然后从离你最近的事情开始处理，经过一系列的过程将自己生活和工作中的事情处理好，如此便可以达到我们理想中的状态：气定神闲地面对工作和生活。

我们不但要去指挥骑象人，重要的是还要触动那头大象，让它自己愿意走路。

04

最有效的是即刻行动

完成，好过完美。
——Facebook

推荐阅读：《终结拖延症》

荐 语

这个话题跟 25% 的人都有关系。这个比例听起来有点高，但一说起它，没准大多数人都会认为自己是那 25%，这就是拖延症。

无事不拖的人确实很少，但从不拖延的人也很罕见。我也时常犯拖延症。比如，母亲让我帮她订几张火车票，现在手机 App 订票很方便，其实就是动动手，两三分钟的工夫，我也要等她催上很多遍，甚至她发飙了我才去做。有时我自己也很奇怪，为何这样的小事还会拖延。读了《终结拖延症》这本书我才知道，我所犯的拖延叫作简单拖延，除此之外还有其他类型。连一个拖延症还会有诸多类型，我们就来认识一下究竟什么是拖延症。

《终结拖延症》是这个领域的代表作。作者威廉·克瑙斯（William Knaus）是美国认知疗法的先锋，也是公认的治疗拖延症的权威专家。他拥有 30 多年的执业经验，曾担任阿尔伯特·埃利斯心理行为治疗研究院的院长，还为美国军方提供咨询服务。

值得一提的是，这本图书的中文翻译是由豆瓣上一个叫作"我们都是拖延症"的小组来完成的。一群资深的"拖拉机"来完成如何"战胜拖延"的译校工作，想必也是一个有趣的过程。

《终结拖延症》虽然篇幅不长，但是提供了一套认知、情绪、行为三管齐下的解决拖延症的方法。其中的流程和步骤甚至可以在实践中直接模仿和复制，相信熟练掌握后，可以有效预防拖延症反复出现在你身上，威力巨大。

什么是拖延

"拖延"（procrastination）的拉丁字源的解释是"向前"加上"为明天"。拖延症是指自我调节失败，把重要的事情和有时限的事情推到其他时间去做的不好的行为。严重的拖延症甚至会出现强烈的自责情绪、负罪感，会不断地自我否定、贬低，并伴有焦虑症、抑郁症等心理疾病。

法国著名哲学家朱尔斯·贝约尔说："绝大多数人的目标，是尽量过不动脑子的生活。"《瞬变》这本书提到过"象和骑象人"：大象代表着感性，是人类的原始动物精神；骑象人代表人类的理智，理智应该驾驭感性向前走。可是有时候他们会原地不动，这是为什么呢？因为这两者都很懒，没有足够清晰明确的指令，他们会自动驾驶，就是按照自己最熟悉、最习惯的方法去做事。我们常用一些无关紧要但快乐的事情来代替动脑子，比如看微信、打游戏、一遍一遍地看电视剧，这就像自动驾驶一样。

全世界25%的人都有拖延行为，简单的小拖延未必是真的拖延症，就像我们会有强迫行为，反复确认有没有锁门，反复洗手，但我们不是强迫症。拖延行为造成你人生的挫败，让你对自己评价很低，让你感到痛苦时，才能算得上拖延症。拖延症不是简单的逃避，而是一系列想法、情绪以及行为集合在一起。

拖延症大致可分为四类：一是期限拖延，比如，下周三要交报告，你

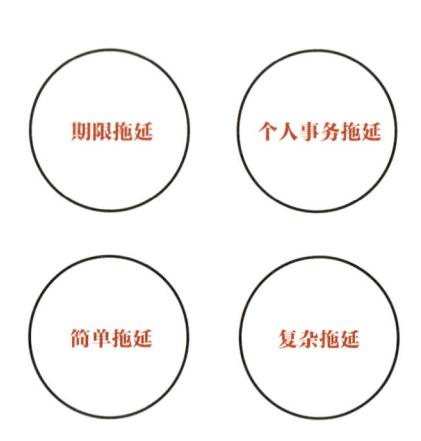

- 期限拖延
- 个人事务拖延
- 简单拖延
- 复杂拖延

等到周二晚上要睡觉了还没有写，这种拖延症是有期限的。二是个人事务拖延，这类拖延症是要做的事情没有明确的期限，所以你会无休止地将其拖延。比如，你想读MBA，却给自己设定了很多前提条件，"我要不先看看书吧""等我先找几个念过MBA的人聊聊看"……等到你决定要读的时候，恐怕已经超龄了。三是简单拖延，比如，母亲让我帮她订火车票，明明顺手办了就不用费精力再想着了，但就是会一直拖延。我的微信好友非常多，两部手机加起来有9000多人，如果有10%的人时常联系，我都会疲于应付。有时候收到微信，我只需要回复几个字就可以，但我总是忍不住想"回头再说吧"，结果往往是忘记回复了，这就是简单拖延。四是复杂拖延，它来自比较复杂的心理活动，也可能与心理疾病、童年经历、完美主义等相关，是比较严重的拖延状况。我们该如何应对拖延症呢？

撕掉"我是拖延症"的标签

很多人喜欢给自己贴上拖延症患者的标签，这样着实给自己的拖延行为找了一个安全的庇护所。"反正我一贯拖延""我是拖延症重度患者"，这样，拖延的行为貌似就合情合理了。将拖延症合理化不利于解决拖延症，你需要告诉自己"我没有拖延症"，然后采取行动去解决问题。这是一个很有意思的方法：**不要宣称自己有拖延症，也不要告诉别人你有拖延症。**

克服恐惧，实践"立即行动"的哲学

撕掉自己拖延症的标签以后，接着要克服对失败的恐惧，奉行"立即行动"的哲学。有一个企业家，公司经营得很糟糕。他某次听完杰克·韦尔奇（通用公司的CEO）的演讲后很兴奋，于是咨询韦尔奇："先生，我很喜欢您。您那么成功，能不能给我一些工作的建议？我现在的公司经营得很糟糕。"韦尔奇告诉他："回家后拿出一张纸，写下明天要做的六件事，上班时将这六件事一一做完，这一天就够了。"企业家半信半疑："这样就可以？"他回去抱着试一试的心态写下了第二天要做的六件事，并在第二天严格执行，长此以往，发现效率竟然大幅提高。其实我们每天要做的重要事情并没有那么多。像谷歌这样规模的公司，它的管理方式就是列出100件公司需要做的事情，然后用这个表单去指导工作，每天回顾哪些人做了什么工作。

拖延症最根本的心理动机是完美主义，完美主义并不是指做任何事情都力求完美，而是太在乎自己在他人心目中的形象，特别担心自己全力以赴但没有把事情做好。我们常常会听到这样的论调："我没有充足的时间，只花了一两天突击完成的。"这就好比给自己人为设置一个障碍，可能是"时间不充分""环境太不利"，做不好情有可原，做好了代表能力超群，这样来保持自己"高大"的形象。其实世界上没有那么多人在乎你，只有你自己特别在乎自己的表现。

我特别喜欢Facebook的一个座右铭：完成，好过完美。当你能努力去"完成"的时候,你就已经战胜了拖延症,这好过你孜孜以求地为了完美而去拖延。事实上,当你追求完美的时候,最终的结果往往更加不完美,只是你给自己找到了足够的心理安慰。

从拖延到高效,五步改变法

我们可以通过五个步骤,认知、情绪、行动三管齐下,让拖延无处遁形。认知方法让我们用 ABCDE 认知模型来看清拖延行为是如何运行的;情绪方法帮助自己建立忍耐力和持久性,让我们从不愿意行动到享受行动的快乐;行动方法是让我们快速行动的一些方法。

第一步,觉察

一旦开始拖延,自我欺骗就会接踵而至,"我一会儿再做""时间还充裕"的想法就会呼之欲出。我们通常都不会好好反思这些想法是不是行得通,就一概接受。只有意识到拖延的存在,才有可能控制并且战胜它。

类似于正念的方法,比如身体疼痛,我们用正念去感知这种疼痛:"哦,原来这样是疼痛的。"聚焦于一点去感知它的时候,你会发现好像不那么痛了。你和自己的拖延症对话后,就可以尝试斩断拖延的思维,转向行动的思维。

有一个很实用的认知模型——ABCDE模型可以帮助我们，它是由美国心理学家艾利斯创建的，是一种理性情绪行为治疗法。艾利斯认为：我们产生情绪的困扰并不是由于事件发生，而是由于我们对于事件发生有一些不合理的看法。如果不合理的信念得以转变，那么情绪的障碍也会随之排除。这个模型如何让我们改变拖延呢？

- A（activating event）：诱发性事件。
- B（believe）：你对事情的看法。
- C（consequence）：结果。
- D（disputing）：干预，重新看待B，即改变你对这件事情的看法。
- E（effect）：效果，情况得到改善。

比如，A是一个任务，下周三要交报告；B是你对这件事情的看法，"等到下周二再做"；C是结果，就是一天时间很紧张，做了个60分水平的报告，但你觉得自己尽力了，毕竟只花了一天时间；D是干预，就是质疑B"对事情的看法"，比如"为什么要等到下周二才做""等到下周二做有什么好处吗""这样做难道不会让我变得更加焦虑吗"，注意是针对B的思考，而不是针对A。思考B后你会得到E，就是你开始思考："何必要拖到下周二呢？现在做可能三个小时就写完了，这样的话，我这几天不是可以过得更轻松一点吗？"于是，新的B就诞生了。

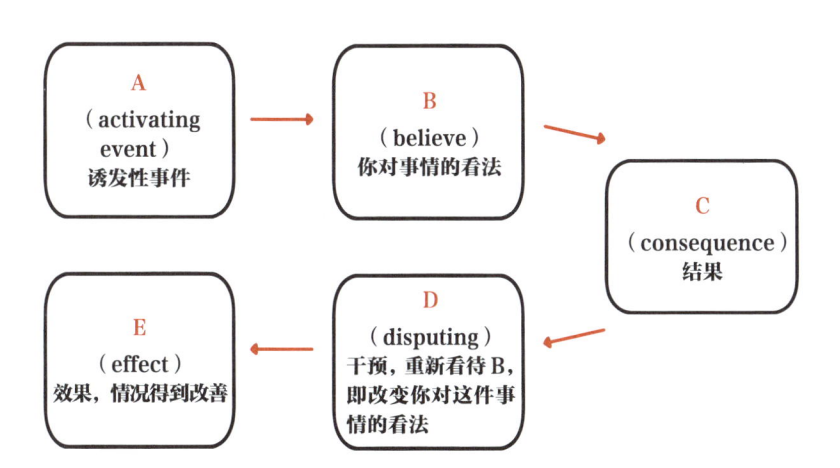

```
┌─────────────┐      ┌─────────────┐
│     A       │      │     B       │
│(activating  │ ───▶ │ (believe)   │ ───▶ ┌─────────────┐
│  event)     │      │你对事情的看法│      │     C       │
│诱发性事件    │      │             │      │(consequence)│
└─────────────┘      └─────────────┘      │    结果     │
                                          └─────────────┘
┌─────────────┐      ┌─────────────┐             │
│     E       │      │     D       │             │
│  (effect)   │ ◀─── │ (disputing) │ ◀───────────┘
│效果，情况得到│      │干预，重新看待B,│
│   改善      │      │即改变你对这件│
│             │      │ 情的看法    │
└─────────────┘      └─────────────┘
```

第二步，行动

行动是克服拖延压力最好的办法，就像禅宗所说的"饥来吃饭困来眠"、儒家提倡的"行所当行"。我要定期讲书，不是什么时候都有动力去写文案、做 PPT 的。所以，我通常选择在高铁上写点东西，一般行程有四五个小时，手机信号又不好，正好提供了整块的时间。当我打开小桌板开始打字的时候，写东西这件事就变得没那么难了，四五个小时一气呵成，连火车都坐得特别有成就感，心里忍不住要夸夸自己，信心满满。

第三步，调节

我们总是被一些小事分散注意力，看看手机，吃吃水果，干干家务……总是用杂事来拖延重要的事情。这时候你需要调节自己的情绪，比如，花五分钟时间保持正念，哪怕跟自己较劲儿，就是不干那些杂事了。我们要用情绪方法来帮助我们建立忍耐力和持久性。

忍耐力和持久性就像人的肌肉一样，是可以锻炼的。很多人会尝试打坐的方法，就像国学大师南怀瑾先生所说的，当你的腿麻得快承受不了、又疼又胀的时候，才是锻炼的最好时机。其实打坐时腿麻并没有多大的伤害，只是感觉上的酸麻胀，这时候你可以用正念的方法去与这种感受对话。你会发现它只是一种感受，其实没有什么是不能忍耐的。

威廉·克瑙斯所说的调节法，就是用正念的方法来控制自己的情绪和感觉，让自己的忍耐力变得更强。静和定是一个人特别重要的素质，儒家讲修身、齐家、治国、平天下，佛家讲禅定，殊途同归。如果一个人静不下、定不下，总是做一些简单而浮于表面的小事，是没有办法创作出有深度的伟大作品的。

当忍耐力和持久性两种品质已经内化成性格的时候，你会发现你的人生将上升到一个更高的境界。拖延症不仅仅是一个时间管理的话题，它还源于你的价值观，关乎你怎么看待自己与这个世界的关系。如果你能够从自己的内在性格反思自己，感受到它对生活的影响，并能用正念来调节它，拖延症会逐渐变得温和可控。

第四步，接纳自己

接纳自己需要给自己一些正面的评价，看到自己进步的一面且不断鼓励自己，这次你会发现自己的每一次努力都卓有成效。当你越强调自己做不到的时候，你其实就已经做不到了。

《正念的奇迹》这本书开篇就是教大家怎么吃橘子，慢慢地剥开橘子，拿起一瓣放在嘴里，感受橘子的甜味，生活中就是有这样的美好。有人用这种方法去感受吃饭、洗碗、看书等日常所做的任何事情，在享受这件事情的同时，会把这件事情做得特别好。

如果不接纳自己，整天挑剔自己，你会发现改变的行为变得特别困难，自我认同度特别低。所以，学会接纳自己，容忍自己，然后才能更好地改变自己。

第五步，自我实现

这是一种类似高峰的体验，如果你战胜了拖延，任何事情都能够按照日程表上的计划行动，你的人生会和过去完全不一样。自我实现意味着你完全自由掌握自己的时间，不被琐碎小事困扰，把时间花在重要的事情上，并能做出客观的决策。

践行承诺，终结拖延

承诺，积极主动应对

有一种拖延是因为事情很重要而自己还没有准备好，完美主义导致压力巨大，这时候可以用承诺来迫使自己行动。有一个比喻叫"把背包扔过墙"，先别管有没有想好怎么翻墙，把背包扔过去后，你总会想办法翻过去的。

肯尼迪总统看到苏联的加加林进入太空之后表示："十年之内，我们要实现把人送上月球，并且安全带回来。"这个承诺就是把背包扔过墙，总统已经给了承诺，大家就朝着这个方向努力。我承诺过，每年带大家读50本书，这也是把背包扔过墙。这个事情很耗精力，要读，要写，还要讲，但做起来并没有影响我讲课、录节目、写剧本。当你做出承诺后，你总有办法统筹协调，因为人的潜能远远超出你的想象。运用承诺给自己和对方一个最后期限（deadline），这是一个有效面对压力的方法。

果断喊"停"

有些事情必须完成但是还没有做，你却陷进沙发，变成一个"沙发土豆"（couch potato），不是看电视就是玩手机。这时，你要果断喊"停"，就是禅宗所说的当头棒喝。停下来以后，拿出纸笔写一个任务表，再做一个时间规划，这个表格会让你有满足感。你可以清楚地看见自己在多长时间内完成了多少事情，然后按照计划去做事情。

做出行动时，要给自己一定的奖励，可以是物质奖励，比如休息一下、吃点东西、看个电影、出去旅游，也可以是精神奖励。我认为精神奖励更为重要，如果你没有拖延，付诸行动，你要告诉自己"我又进步了"。"吾日三省吾身"不一定全是反思自己做错的，也可以关注自己的进步，这样人生才会不断积累。

结 语

我想用一个中国式的方法来结尾。王阳明说："破山中贼易，破心中贼难。"达摩祖师说："将心来，与汝安。"只有当你开始向内求，观察到自己的起心动念时，才能成为一个掌握自己生活的人。

05

别让思维惰性毁了你

想要改变任何事情，
都必须让人以与之前不同的方式来行事。
——奇普·希思

▎推荐阅读：《瞬变》

荐 语

很多人都认为,改变是一件极其困难的事情,改变自己需要极强的意志力,改变别人更是难上加难。古语云:"江山易改,本性难移。"连心理学大师荣格都说:"你连想改变别人的念头都不要有。"想想那些企图改变他人的行为:让孩子减少玩手机的时间;让另一半承担更多的家务;让员工尝试一种新的工作方法;让一个社区、一座城市,甚至一个国家改变……有多少收效良好?我们真的就只能接受现状,然后一成不变地生活下去吗?

有一对心理学家兄弟奇普·希思和丹·希思经过大量实验发现,改变其实并没有那么难,如果你能了解改变过程中人的心理变化,让改变发生几乎就是一瞬间的事情。于是他们将此方法写成一本书,名为《瞬变》。

改变为何这么难

想要改变,首先需要了解是什么阻碍了我们改变,希思兄弟从几个小实验开始,带我们走入改变的世界。

看似是人的问题,实际是环境的问题

心理学家在一家电影院给所有看电影的人发爆米花,然后在电影结束后观察每个人吃爆米花的量。他们尝试了不同的片子:悲剧片、喜剧片、情感片、动作片等,尝试了不同口味的爆米花,尝试了一个人吃和两个人吃,尝试了大桶和小桶……什么情况下看电影的人吃的爆米花最多?有人猜情侣吃得多,也有人猜电影很紧张时吃得多,都不对。吃爆米花的量只跟一件事情有关,那就是爆米花桶的大小。桶越大,吃得越多;桶越小,吃得越少。改变看似是个人的问题,实际却是环境的问题。对环境做出一些微小的调整之后,人的行为可以发生大幅的改变。如果你想减肥,第一件事情就是给自己换个小碗吃饭。

这个实验告诉我们,改变很难的第一个原因:看似是人的问题,实际是环境的问题。

```
   环境的问题    缺乏动力

       方向不明
```

看似是懒于改变，实际上是因为缺乏动力

有一名工厂的员工，觉得公司的采购部门太混乱，浪费很严重，他希望说服董事会改变采购流程，但董事会觉得没有这个必要。董事会不着急、不重视，流程就不可能改变。这名员工于是让厂里的几个年轻人去搜集全厂各式各样的白手套，光是工作用的白手套，就搜集到了424种。开董事会的那天，他抱着这424种白手套往桌上一扔，说："这就是我们厂采购的白手套，竟然有这么多种类，而且价格完全不同。"董事会成员大吃一惊，立即决定改变整个采购流程。为什么从前董事会不上心？因为他们没有受到感官上的直接刺激，所以完全没有动力改变。

这个实验告诉我们，改变很难的第二个原因：看似是懒于改变，实际上是因为缺乏动力。

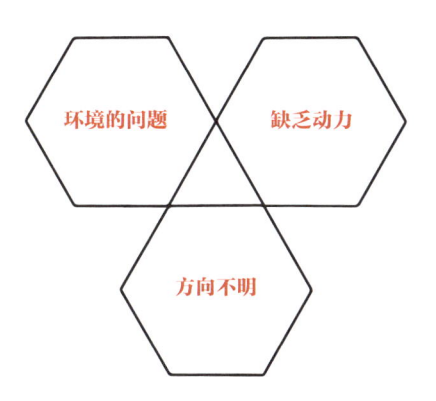

看似心生抗拒，实则方向不明

在美国，肥胖成为死亡率最高的疾病之一。为了让国民的生活更加健康，美国政府给全民发布了一个饮食金字塔。这个饮食金字塔的食谱很复杂，包括金字塔顶端是什么、底端是什么都写得非常详细，所有的食物基本都在这个金字塔里面。虽然每个美国居民家里都贴着这样一个饮食金字塔，但没有人真正根据这个金字塔来决定饭要怎么吃。希思兄弟为了让人们的饮食更加健康，找到一个切入点，就是将美国人喝的全脂牛奶换成脱脂牛奶。

美国人喜欢喝牛奶，他们喝牛奶像喝水一样，冰箱里都是牛奶，喝全脂牛奶自然就胖得很快。怎样才能说服大家改变这个小小的生活习惯呢？他们派出很多志愿者，拿一根塑料管子装满脂肪，站在超市的门口，告诉大家这就是半加仑（1美制加仑=3.7854118升）全脂牛奶所含的脂肪量。大家想着油腻腻的脂肪就这样被吞进肚子里，多恶心啊！于是开始转而喝脱脂牛奶。

当你告诉人们要健康、营养时，他们不是不愿意改变，而是不知道该如何改变。如果你告诉他们，"很简单，将全脂牛奶换成脱脂牛奶，这样就可以减少脂肪含量"，这样他们才会有方向去改变。

这个实验告诉我们，改变很难的第三个原因：看似心生抗拒，实则方向不明。

象与骑象人

在探讨这个问题时，我们需要提到另一本书《象与骑象人》，这本书帮助我们了解自己的大脑，书中引用了"象与骑象人"的理论。大象，就是我们大脑中感性的部分，比如冲动、爱情、忠诚、执着等，大象很有力量，也很莽撞。骑象人，就是我们大脑中理性的部分，骑象人要驾驭、指挥大象。如果由着大象的性子，它就可能冲动起来，做出很多令你后悔的事情，而骑象人需要分析、判断，根据数据做出决定。

象与骑象人每天都在斗争：骑象人想早起锻炼、背英语单词，但你的大象却希望能够在被窝里多躺一会儿；骑象人决定吃健康的蔬菜沙拉，大象却不自觉地要了一碗炸酱面。大象总想随性而为，骑象人总想控制它。大象行动力强，但是缺乏思考；骑象人能够让大象变得冷静、安全，但他可能一天到晚原地打转，思虑过多，反而没了动力。因此，我们要让改变发生，就应该同时将作用力施加在大象和骑象人身上。

针对改变困难的三个原因，我们要如何行动呢？你可以按照以下三个步骤执行：

1. 指挥骑象人（看似顽固抗拒，实则方向不明）。
2. 激励大象（看似懒于改变，实则缺乏动力）。
3. 营造路径（看似是人的问题，实则是环境问题）。

指挥骑象人

怎么才能指挥骑象人，调动他去行动呢？方法很简单，给他一个明确的方向，比如减肥先把全脂牛奶换成脱脂牛奶。我们怎么找到改变的方向呢？希思兄弟进一步提出了三个方法：找到亮点，制定关键举措，指明目标。

找到亮点

如果你是一位联合国官员，被派到越南，要求在半年之内改变越南儿童的营养健康水平。但是你下飞机后，发现要钱没钱、要人没人，整个办公室只有你一个人，还要在半年之内完成这个任务，你该怎么办？有人建议："写报告！就说'越南儿童的营养状况很糟糕，建议先经济援助，经济回升后开始发展教育，最后培养母亲的水平，母亲水平提高了，孩子的营养问题就迎刃而解了'，写完报告就打道回府。"这个建议没错，但套用周鸿祎的话，这是"正确的废话"——有道理却没有用。

上面的假设是个真实的故事，被派去的官员是一个美国人，你猜他做了什么？他一到越南，就拿着尺子下乡，找孩子。量完身高，把小孩分成两组：矮的一组，高的一组。高的一组中，排除家里条件好的，剩下那些又高又穷的，他问他们："你们的妈妈都给你们吃什么？"接着开始家访。他发现，这些孩子的妈妈每天会做几件事情：

- 第一，每天给孩子吃四顿，因为孩子的胃比较小，所以一天吃四顿饭吸收更好。
- 第二，去稻田里抓一些小鱼小虾回来，给他们熬汤喝。
- 第三，把红薯叶榨成汁，将绿色的汁淋在米饭上给孩子吃。

了解之后，他就把全村妇女都叫来，告诉她们一起学习这些方法。做个好妈妈当然是每个妈妈的天性，于是大家用有限的资源，一起来做饭给孩子吃。只用了 6 个月的时间，65% 越南孩子的营养健康水平得到了大幅提高，而这个举措对越南的影响长达 20 年之久！

这个看似不可能完成的任务，就这样完成了，其原因在于找到了亮点。这种寻找亮点的思维可以运用到很多领域，解决很多问题。

制定关键举措

在美国很多治疗家庭暴力的案例中，传统的治疗方法是控制愤怒：当愤怒发生的时候，你要去控制愤怒，减少愤怒发生的机会。但是结果很糟糕，复发率非常高。后来他们尝试了一种新的方法，其实就是一个关键举措，叫作"5 分钟亲子互动"：你每天甚至每周只需要拿出 5 分钟陪孩子玩一会儿，玩的过程中只有一个要求——不能给孩子提任何意见。他说打游戏就打游戏，他说看电视就看电视，就 5 分钟，随他的意，不要挑剔、不要指责，家庭氛围就会好很多。

就这么简单的一件事，很多父母都做不到，因为父母看到孩子做得不对却不能说，太难受了。但是经过很多次的训练，家庭暴力的下降比

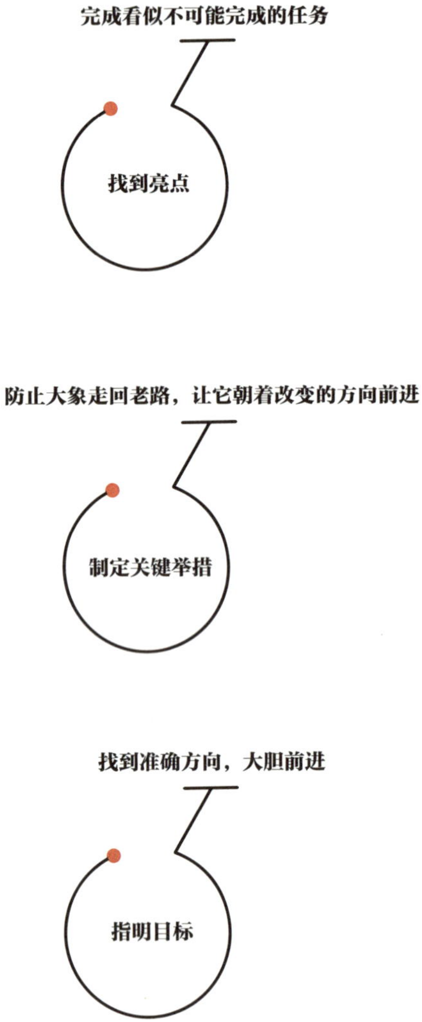

完成看似不可能完成的任务

找到亮点

防止大象走回老路，让它朝着改变的方向前进

制定关键举措

找到准确方向，大胆前进

指明目标

例比愤怒控制法大得多。在解决问题时，找到关键举措有助于避免大象走回老路，让它朝着改变的方向前进。

指明目标

美国有一个著名的组织叫"为美国而教"（Teach for America），专门从事贫困落后地区的教育。这个组织中的一位老师被派至一所乡村学校，那里经济落后，人们听说读写能力很差，识字率很低，更糟糕的是大人不好好学习，所以孩子也不重视学习。为了改变这里的学习氛围，这位老师想了个办法。他告诉一年级的小朋友，在学期结束的时候要让他们达到三年级的水平。然后他问："你们愿意和我一起干吗？"小朋友一听，这很有意思，在一年级结束时要达到三年级的水平，这是一个不可思议的目标。如此，这个班级的师生就有了一个共同的目标，大家的积极性也因此被调动起来。

有一个"复兴小镇"的故事让我十分感动，这是一个发生在美国的真实故事。有一个逐渐凋零的小镇，年轻人都外出谋生，小镇上就只剩下老人和孩子，这有点像中国现在的乡村。小镇上唯一的生力军是一群高中生，他们希望复兴小镇，让家乡更繁荣。但是，倡导"建设美好家园""爱我家乡"太虚了，口号就真的仅仅是口号而已，而让所有的年轻人都返乡又不现实，怎么办呢？他们想到一个关键举措：喊出一个"让消费留在本镇"的口号。大家只需要做到尽量在本镇消费，而不到其他地方去花钱，就是这个小的改变让小镇每月的GDP增加了近百万美元。

因为人们都在小镇消费，商业开始复苏，就业机会增多。人们纷纷返乡，小镇又恢复了生气，环境也变得越来越好。老人们没有别的办法帮助这些孩子，于是纷纷把"让消费留在本镇"的口号贴在自家的窗户上，表示支持。就是这样一个关键举措，改变了全镇人民的生活。

找到亮点、制定关键举措、指明目标，这三点能够有助于指挥理性的骑象人。只有当骑象人找到一个准确的方向时，他才敢走，否则他就会退缩，什么都不做。

激励大象

指挥完了骑象人，我们能对大象做些什么呢？大象是感性的动物，它听不进去道理，只能被刺激。

找到感觉

美国著名的连锁超市塔吉特（Target），销售额从 30 亿美元上涨到 630 亿美元，成为美国第二大超市，是什么让这样的奇迹得以发生？他们雇用了一名原来在奢侈品公司工作的经理沃特斯。沃特斯一上任就发现超市销售的衣服颜色都很暗淡，不是灰色就是黑色，平淡无奇，让人完全没有购买欲。于是他询问采购经理，采购经理说："是有人会喜欢颜色鲜艳的衣服，但大多数人都是保守的。我们就是要服务大众，所以只卖黑、白、灰三种颜色的衣服。"沃特斯提了很多次，但完全没有人理会。

有一天，他买来一大包 M&M 豆，各种颜色都有：红的、黄的、蓝的、绿的……他拎进办公室，当着所有人的面，将这包 M&M 豆倒在桌上。五颜六色的 M&M 豆像彩虹一样，从天而降，噼里啪啦滚到桌子上、地上，所有人都傻眼了："这人疯了吧！"可是所有人都目不转睛地盯着 M&M 豆。他马上说："你们对颜色多么敏感，当这些彩色的东西出现在面前的时候，你们都会忍不住想看它，为什么不让我们的超市多一点色彩呢？"结果整个公司的采购风气开始转变。如果采购经理没有受到感官刺激，就不可能轻易改变，这就像之前拿着一塑料管的脂肪、捧着 424 种手套一样。**只有让对方找到感觉，他才会有改变的动机。**

有位叫阿拉提的会计师，业务能力很强，但固守典型的会计思维。他认为会计制度神圣不可侵犯，所以严格到刻板地执行每项工作，没想到这居然成了组织的瓶颈。比如，业务人员提供的单据，有任何一个地方不对，他只负责打回去，让对方重填；不对，再重填。他根本不管这件事情会给别人、给组织造成多大的麻烦，他只负责遵循会计规则，还认为自己的坚持很神圣。

这样恪守规章制度的员工，老板也没法将其开除，而且他们还是一个慈善组织。老板只好找他谈话，谈来谈去，还是没有什么改变。于是有一天，老板带着他去参观他们的那些慈善项目，听那些慈善项目的老师、修女说修道院现在多么缺乏资金，有一笔钱一直批不下来，无法给孩子治病、买吃的、买玩具。这个会计师转了一圈后突然意识到：在自己那儿耽搁一两天，会对慈善项目造成这么严重的影响。他把自己的工作、一张张的单据和那些孩子渴望的眼神联系起来之后，立刻决定改变自己的工作方式：以后自己能帮助别人做好的地方，没有必要打回去重填，因为我们更专业。这就是找到感觉之后人们所发生的变化。

我们不但要去指挥骑象人，重要的是还要触动那头大象，让它自己愿意走路。

缩小改变幅度

如果让大象觉得前面是万丈深渊，它根本就不敢抬腿；如果让它知道路途太遥远，它也不可能动。缩小改变的幅度就是想方设法让大象迈出第一步。

心理学家在美国纽约的一家酒店发现那里的女服务员都很胖，虽然她们每天要干很多体力活，但还是胖。于是心理学家对其中一半的服务员说："你知道你每天干的活儿要消耗多少卡路里吗？叠一次被子消耗四五十卡路里；打扫一次房间消耗一百卡路里；你端茶送水，从楼下走到楼上都要多消耗不少卡路里。"他把打扫卫生所做的每一件事消耗的卡路里数都告诉给这些服务员，而另外一半对此则完全不知情。

大约两个月后，所有被告知卡路里数的女服务员体重都下降了，而没被告知的还是老样子。这很有意思：根本没人要求她们做什么，只是告诉她们做每件事情消耗的卡路里数，结果就达到减肥的目标了！为什么呢？有人认为是心理暗示，或是安慰剂的作用，都不对。原因是，当她们知道自己每做一件小事消耗的卡路里数时,改变的幅度变小了:以前拖三分钟地,现在劲儿使大点,拖四分钟;以前乘电梯,现在勤快点,走楼梯。这么轻松就能改变的事情,比告诉她们要坚持很多天,每天做多少运动才能减肥,要求低太多。要求一低,大家就更愿意迈出第一步。

这招对孩子更管用,只要你每天让他做一件小事,帮助他养成一个小小的习惯,他的行为就会发生很多的改变。很多家庭的改变也是从一个吻开始的,丈夫每天出门前坚持给妻子一个吻,这个家庭就会开始变得不一样,这就是减小改变幅度的魔力。

影响他人,打造认同感

什么叫打造认同感?当你身边的人都在跟你做同一件事情的时候,你会更有劲儿地去做这件事。怎么打造呢?有一个特别重要的理念,就是要去塑造人们的成长型心态。

伍兹这位高尔夫天才在八次夺得世界冠军之后,竟然决定全面调整自己的挥杆动作,这就叫成长型心态。即便到了巅峰状态,他依然觉得自己是可以通过学习来改变的。而生活中大量的普通人会认为"没有什么好改变的,人生不就这么回事儿吗",这样的心态就叫作固定型心态。

如果一个人抱着成长型心态,所有的改变都将轻而易举;如果一个人是固定型心态,那么任何改变都会变得异常艰难。有一次我和一位出租车司机聊天,司机跟我抱怨:"现在活儿不好拉了,老板太黑,滴滴、Uber又跟我们抢生意……"我劝他:"要不你也下一个滴滴,减少空驶,

找到感觉，才有改变的动机

找到感觉

小改变，更容易开始

缩小改变幅度

改变固定型心态，塑造成长型心态

影响他人，
打造认同感

多接点活儿，就是自己买辆车做滴滴司机也不错。"他的回答让我哑口无言，他说："我才不下，不信那个，没关系谁给你派活儿呢？"这就是典型的固定型心态，他认为这个世界就这样，干什么都需要关系，甚至都不愿意尝试一下，永远让"大象和骑象人自动驾驶"，不去改变。

怎么才能说服一个人，让他与你一样愿意改变呢？

比如，你要说服一个人，让他同意在自家花园里立一个牌子，上面写着"禁止酒驾"。如果你直接问："用一下你们家的花园立个牌子行吗？"80%的情况要被拒绝，草坪可是很贵的，被弄坏了，谁不心疼！那怎么办呢？你可以尝试循序渐进。

第一次，你可以让他做出一点小小的改变。比如，你说："我们小区正在搞一个活动，希望号召更多人拒绝酒驾，你愿意联合签名吗？就是代表你也反对酒驾。"一般人都会同意，也给自己贴上了一个热心公益的标签。当他潜意识里认为自己是一个热心公益的人时，他的大象就会更愿意沿着这个方向走，因为人们是不愿意把自己搞得特别分裂的，尤其是在同一个人面前。

第二次你再来，可以告诉他："上次的活动很成功，我们的号召力很强，网上也有很多响应的，我们想把它做得更深入一点，你能不能写个字条'不要酒驾'，然后把这个小字条贴在你们家的窗户边上？"这样的要求没有破坏性，而且符合热心公益的标签，他肯定也愿意，这时候他又往前迈了一步。

第三次再来，你说："我们现在的活动越做越大了，希望把视觉冲击力做得更强一点，能不能征用你家里的草坪立一个牌子？上面会设计得很漂亮，就写'禁止酒驾'，希望大家拒绝酒驾，也代表我们的价值观。"这一次，76% 的人都同意贡献自家的草坪。

从 80% 拒绝到 76% 同意，转变太显著了。**打造认同感是循序渐进的**，发动一场大的变革，就是要让大家一起来做事，驱动所有人的大象。

营造一个路径

改变是一个过程，刚开始需要给自己营造一个路径，比如调整环境、培养习惯、召集同伴等。

调整环境	培养习惯	召集同伴
环境的变化往往会带来人们行为习惯的显著变化	设定一个行动触发扳机，把决定权交给环境	打破同伴压力，达成集体改变

调整环境

大家都有去银行柜台办事的经历。以前是排队，但有的窗口快，有的窗口慢。这边排着，一看，那边快，换到那边之后，这边又快起来了，弄得人很心烦，甚至有人因为排队吵架。现在呢？都是排号机取号，大家坐在休息区等着，叫到号的上窗口办理业务。绩效改进中有一句经典名言："技控优先于人控。"先在技术层面上改变，也就是改变了环境，再改变人就会容易很多。

医院每年因为发错药致人死亡的案例不少。你一开始可能会指责护士太不负责，但如果了解了实际情况，你会发现原来护士发错药是太容易发生的一件事情了。在住院部，护士配药的环境十分嘈杂，任何一个人与他说话都可能影响他配药的准确度。可能正配着药，患者家属跑来问："能不能给我们拔个吊针？""××床要大小便，快去帮帮忙吧。"医生也可能来找他："你去看看××床情况怎么样。"更别说工作之外的闲聊了。如果护士回答："我正配药呢，别跟我说话！"患者、医生肯定不干了："你这是什么态度！"后来医院想了一个办法，他们做了一个颜色鲜艳的背心，正背面都写着"配药中，勿打扰"。只要护士穿上背心开始配药，谁跟他说话他都可以不予理睬，也不需要向询问人解释。就这一个小小的举措，让美国的护士在6个月的时间内，配药出错率下降了47%。现在这个方法已经推广到全球，我国的很多医院也在采用。

其他行业也会有这样的关键时刻，比如飞机在起飞和降落时最容易出事故。于是航空公司就有一个规定：只要飞机高度低于1万英尺（1英尺＝0.3048米），飞行员必须保持静默，严禁和任何人交谈。

人员改进相对困难，但环境改善要容易得多，而环境的变化往往会带来人们行为习惯的显著变化。

培养习惯

《瞬变》对于养成习惯有一个好的建议：设定一个行动触发扳机，把决定权交给环境。比如，每天上床睡觉前，看半个小时的书；送孩子上学后，跑半个小时的步；上班落座后，先列出一天的工作安排清单。这样可以很好地避免实现目标时受到干扰，持之以恒，习惯就很容易养成了。

召集同伴

如果大街上只有你一个人，别人摔倒了你会立刻去帮他。而一旦人来人往，大家都会观望，几乎没人会行动，这就叫同伴压力。我们在街上遇到坏人或者东西被抢时，千万不要朝一群人喊"帮忙"，最好找准一个人。网上有帖子介绍，如果女孩在路上遭遇坏人绑架，紧急情况下应该踢翻旁边的车、摔路人的手机、砸坏某样东西，也是同样的道理。把矛头转向一个人，他可能更愿意帮你。

如果我们想召集更多的人一同行动，就要打破同伴压力。最好的办法是各个击破，先从自己开始，然后从身边的朋友一个一个攻克。不行动的同伴压力逐渐减少，行动的同伴压力开始增加，原来的压力变成了动力。从硬环境到软环境都在变化，改变就自然发生了。

结 语

埃菲尔铁塔刚落成时,几乎遭到了所有法国人的痛骂:"这个怪物太丑了,立在这里简直太奇怪了。"现在呢?法国人已经把它当作标志性建筑了。如果你说它丑,他们搞不好还会记恨你。阻力有可能会变成动力,它们都是一种惯性,需要看你如何转化。这个过程往往在起步的时候最难,一旦开始转变,这个惯性就像滚雪球一样,越滚越大,想停都停不下来。

盘点自己生活中需要改变的方面,给自己一点时间,从以上三个方面,运用九种具体方法,让自己改变的雪球滚起来吧。

杰出

不是一种天赋，

而是一种技巧。

PART 3

提高自我
核心竞争力

06

真正的高手都在刻意练习

杰出并非一种天赋,而是人人都可以学习的技巧,成为杰出人物的关键,在于刻意练习。

——安德斯·艾利克森

推荐阅读:《刻意练习》

荐 语

很多人认为，天才是天生的。我们在生活中总会遇到一些天赋异禀的人，好像天生自带某种属性，然后逐渐成为某个领域的杰出人才。如果你也有这样的想法，我推荐你一定要看《刻意练习》这本书，它会让你重新认识"天才"。如果你还年轻，或是为人父母，更有必要及时了解，因为这本书会告诉你真正的天才成就之道。即便不能成为天才，你依然可以成为某个行业里特别厉害的人。

天才的真相

在古典音乐界，莫扎特被认为是不折不扣的天才。他4岁谱曲，6岁巡回演奏，还拥有天生的"完美音高"——给他任何乐器弹奏的调子，他都能分辨得出。虽然现在这样的能力没那么高深莫测，但在200多年前，几乎人人都认为他就是个音乐天才！其实不然。莫扎特的父亲是一位作曲家，但郁郁不得志，所以他倾注了所有的心血，发誓要把自己的孩子培养成最优秀的音乐家。在莫扎特之前，他培养过家里两个更大的孩子，虽然没有完全成功，但成绩也不错，并且在此过程中积累了丰富的经验。等到小莫扎特时，他爸爸干脆辞去工作，全职培养他，把前面的经验全部用上，对莫扎特进行了魔鬼式的训练。虽然我们不知道他爸爸的训练方法是什么，但至少可以说明莫扎特的完美音高是训练的成果。

在小提琴界，帕格尼尼是"天才"的代名词。一次演出时，他在台上正拉着小提琴，突然"嘣"的一声，一根弦断了。别人都觉得"这下完蛋了，肯定没法继续了"，可帕格尼尼就像没事人一样，继续拉着三根弦。过了一会儿，又听到"嘣"的一声，又断了一根弦，这下仅剩两根弦了，他还是镇定自若地接着演奏，而且依然流畅。"嘣！"第三根弦也断了，就剩最后一根弦了！帕格尼尼依然不理会，行云流水，用一根弦完成了整首曲子。音乐停止，台下响起雷鸣般的掌声，简直精彩绝伦，这是一位音乐天才！帕格尼尼张开左手，因为在一根弦上使劲儿滑动,手指上全是血!

电影通常都是这样谢幕的,而真相绝非如此。《刻意练习》的作者安德斯·艾利克森博士调查了所有这些天才的背景,包括帕格尼尼。他发现帕格尼尼之所以能够从四根弦到一根弦拉完整首曲子,是因为他曾经为了追求一位女士,创作了一首曲子——不用中间的两根弦,只用剩下的一根粗音弦和一根细音弦演奏,这首曲子就好像一对热恋的男女在对话。所以,那次演出的断弦并非意外,而是他刻意为之。那次演出是他完全掌握了用一根弦演奏的技巧,为了演出效果而特别设计的断弦之奏。

安德斯·艾利克森博士经过大量的研究和实验证明,天才的能力并非生而有之,训练可以创造我们以前并未拥有的技能。这个帮助我们突破能力边界的学习方法被称为刻意练习,任何人都可以持续训练,成为各个领域中杰出的人才。

马尔科姆·格拉德威尔在《异类》这本书中提出了"1万小时定律",就是指不管你做任何事情,只要坚持1万小时,基本上就可以成为该领域的专家。这个观点曾经风靡全球,但仔细一想还是会发现其中的漏洞。比如,一个看门的大爷,看门时间超过几万小时了,他成为保安中的高手了吗?又如,一个在课堂上混日子的老师,讲了几十年的课,他成为特别杰出的老师了吗?肯定没有。反之,有些事情根本不用花费1万小时,只要能够进行几百个小时的刻意练习,你就能有所突破,成为一名专家。

《刻意练习》的两位作者在20世纪80~90年代曾做过一个很有

意思的实验。他们请一位大学生每周来实验室一次，用一个小时的时间接受训练：由一个人随机说出很多数字，这个大学生来记，然后挑战能够记住多少位，有点像《最强大脑》那个节目。大多数人只能记住7个数字，记忆力好一些的可以记住11个，相当于手机号码的长度，这就已经很不错了。刚开始训练时，这位大学生记到8位数字时就遇到了瓶颈，觉得再往下记脑子已经不够用了。于是他们不停地想各种办法来延长记忆的位数。大约过了2年，也就是训练了100多次之后，你猜这位大学生能够记住多少数字了？82个，轻轻松松！而他最初只是个普通人，没有任何记忆天赋。

于是，这两位作者向大家分享了他们摸索的记忆术。结果发现，普通人只要采用这种方法不断加以训练，就能记住特别长的一串数字，远远高于最初未经训练的水平。现在，一个中国孩子去参加这样的比赛，能记住300多位随机数字，一个不差。这个实验挑战了我们对于天才的认识——**天才是可以训练出来的。**

人类的极限

1908年，有一场举世瞩目的马拉松比赛，它被称作20世纪最伟大的比赛之一。这场比赛的冠军——一位叫约翰尼·海耶斯的小伙子创造了2小时55分18秒的世界纪录。100多年之后的今天，马拉松世界纪录已经被刷新到 2 小时 1 分 39 秒，缩短了近 1 个小时。如果你是一位 18～34 岁的男性，现在想要参加波士顿马拉松比赛，成绩不能低于 3 小时 5 分。换句话说，1908 年的世界纪录，在今天才刚刚够格参赛。

以前的跳水比赛，运动员尝试空翻两周时，差点身受重伤。这样的空翻被认为是挑战人类极限的动作。跳水运动也曾一度因其危险性，险些被奥运会取消。再看现在的跳水运动呢？空翻两周已经成了入门项目，即使是 10 岁的孩子也必须练会。

自古以来，人们对背诵圆周率这件事情有独钟，《少年派的奇幻漂流》里就有背诵圆周率的情节。早在 1973 年，有一位叫理查德·斯宾塞的人创造了一个前无古人的圆周率背诵纪录——背诵到小数点后 511 位。想想你能背诵到多少位？十几位就不错了。这个纪录后来被一个叫大卫·沙克尔的美国人打破了，他背诵到了小数点后 1 万个数字。更吓人的是，一个叫米纳的印度人，他背诵到了小数点后 7 万个数字。这还不是极限！再后来有一位叫原口证的日本人，他声称背诵到了小数点后 10 万个数字，简直匪夷所思！

再看一下做俯卧撑的纪录，你就会发现，背诵圆周率这件事简直就是小菜一碟。如果你能够一口气做 100 个俯卧撑，基本上就可以称霸朋友圈了，但我只能说你是正常人里面比较厉害的。一个日本人在 1980 年创下的纪录是一口气做 10507 个俯卧撑。后来吉尼斯世界纪录不再接受这个申请了，因为觉得数的时间实在太长了。他们只接受一个申请——24 小时之内能够连续做俯卧撑的数量。这个数字被一个美国人创造——21 小时 21 分钟之内做完了 46001 个俯卧撑。

这些数字表明，**人体的极限是在不断被挑战和刷新的**。记数字是大脑的极限，跑步、跳水、俯卧撑是身体的极限。

大脑的适应力

为什么人类总是可以不断地超越极限呢？其实所谓的瓶颈，更多时候只是心理层面的障碍，事实上离真正的极限还很远，只是个人的动机不足罢了。因为科学研究发现，**大脑的适应力远远超过一般人的认知。**

伦敦拥有世界上最复杂的道路，街道完全没有规律，就是跟着 GPS 走都有可能迷路。所以，伦敦出租车司机需要通过被认为是世界上最难的资格考试——给你特定的时间，再给你一个犄角旮旯的位置，你要在指定时间内准确到达。曾经有一道考题是让出租车司机把考官带到一尊手拿奶酪的老鼠雕像前，这个雕像只有 1 英尺高，而周围都是高耸入云的建筑。因为伦敦出租车司机收入不错，所以很多人拼命练习，去考这个驾照。

心理学家给取得驾照的伦敦出租车司机做了个脑部扫描，发现一个很有意思的现象：与那些沿着一定路线开车的公交车司机和普通人相比，伦敦出租车司机的海马体（大脑中涉及记忆的区域）后部要大得多。原来科学界认为，成人的大脑布线已经固定，是没有办法改变的，而现在他们发现，原来我们的大脑是在不断成长的，锻炼可以使大脑发生改变。如果你愿意刻意练习，你的大脑会有无限的适应能力，突破前人的成绩也指日可待。

什么是刻意练习

刻意练习和一般的练习不同。

第一，要有明确的目标。你所做的每一件事，都要有明确的目标，最好是可以衡量的。为什么跳水、国际象棋、记数字、做俯卧撑这种事情最容易做刻意练习呢？因为它们好衡量，有明确的标准，所以每次训练都有明确的目标。

第二，一定要专注。富兰克林大家都很熟悉，他是美国非常著名的作家，也是一位科学家。他有一个嗜好，就是下象棋。他下国际象棋的时间，没有上万小时也有几千小时，但令他非常恼火的是，他总是成不了一流高手。他很聪明，这么牛的一个人为什么总是成为不了一流的国际象棋选手呢？原因是，他没有践行刻意练习。他只是把下国际象棋当作一项休闲活动，有朋友来了就下一盘，而没有专门找一个教练，记录每一个棋局的变化，研究棋局。所以，他只是机械地积累下棋的次数，并没有提高下棋的能力，就像有些人一天到晚打牌、打麻将，但很难成为赌神。

相反，富兰克林在写作方面可是高手，他是如何做到的呢？富兰克林小时候没有条件上学，但他又很想写文章。于是，他找来一本自己特别喜欢的杂志，把文章都读一遍，然后仿写，就是抛开原文，自己根据理解重写一遍。写完之后再与原文对照：这一段怎么漏了，那个词用得不对。这就是刻意练习，他不断地设定目标，不断地练习，然后不断地

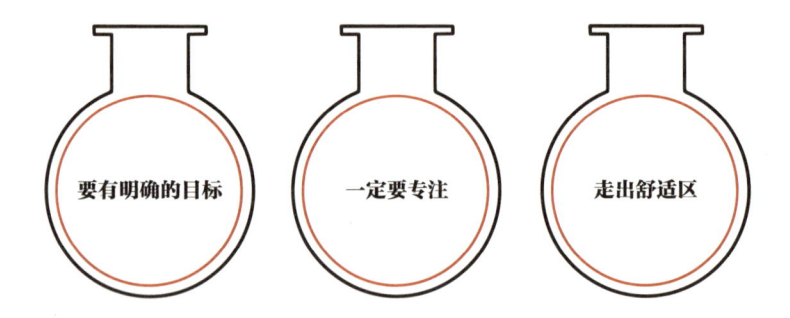

要有明确的目标　　　一定要专注　　　走出舒适区

反馈，并且不断地改进。就这样，他成了著名的作家。

格拉德威尔在《异类》中举了一个披头士的例子：披头士因为做了上万场演出，所以成了最优秀的歌手。艾利克森认为这根本就不对。披头士的演出不是在做刻意练习，虽然累计了几万个小时，但他们的水平还有可能下降呢。因为累，因为随意发挥，他们只是在享受。那披头士究竟厉害在哪里？写歌！他们的声音和演唱技巧跟别的歌手差别不大，但他们的歌真的很好听。他们用了无数个小时不断地写歌，不断地遣词造句，不断地研究旋律，这才是使他们成功的刻意练习的来源。

第三，努力挑战，走出舒适区。 每次练习都要比上一次有进步，每次练习都要有反馈。看完这本书后，我终于明白为什么减肥时一定要备一个秤了，这就是反馈啊。每天都去称一下，看自己有没有瘦。如果瘦了，是为什么？如果没瘦，又是为什么？然后继续不断地练习。这就是刻意练习的基本框架。

心理表征

这个基本框架中有一个非常重要的概念——心理表征。什么是心理表征呢？就是你对一个事物形成的下意识的反应。比如，当你看到一条狗的时候，你不会用数据来判断：犬科一般都有什么特点，它的尾巴应该什么样，头应该什么样。你的第一反应就是——小狗。这就说明狗在你脑海当中已经形成了一个心理表征，你根本不需要去反应。

更贴切的比喻就是打字。现在先别把手放在键盘上,你想一下,A在哪儿,O在哪儿,N在哪儿,能想起来吗?我是想不起来。但是你真打起字来,噼里啪啦,自然而然就打出来了。因为你在打字的时候,你的手指按哪个键,这个动作已经不需要经过大脑了,不需要再去认真地思考那个键是什么了。这就叫作心理表征,是一种下意识的反应。

有一次世界杯比赛,阿根廷球员连续17脚传球后射门,就是对方球员还没碰到球,嘣嘣嘣,传了十几脚,球就进了,这太经典了。怎么能踢得那么好呢?原因就是,他们根本没有讲究意识、判断、走位,这是对中国队的要求,而他们是完全把踢球训练成了下意识的动作。当你有了足够的下意识时,你对整场球赛就存在着一个完整的心理表征。这也就是为什么业余的人看球,和专业的解说人员看球完全不一样。解说员看球时的感觉就是一个完整的心理表征,而我们这些业余的人没有建立这样的心理表征。我们只能说:"这个男的长得好帅""这个球星真棒""这个动作真好看"……就只能看到这些而已。这叫作外行看热闹,内行看门道。

你们见过下盲棋的人吗?就是不看棋盘,自己走来走去的那种,一个人说走了什么子,另一个人就说走什么子。最厉害的人能够同时跟100多个人下盲棋,他脑子里要记住100多个棋局,然后不能看棋盘,指挥那些棋子往哪儿放。事实上,对于象棋大师来讲,下盲棋根本不算什么特别的挑战。这就是因为他们建立了非常完备的心理表征,因为他们对棋盘太敏感了,他们看到棋的布局,就想到了这个棋的结束。很多人都以为这些大师记性特别好,后来他们做了一个实验:把这些盲棋大师找来,又找了一些普通人，然后在棋盘上随便摆子，让这些大师和普通人来记棋子的位置。研究发现，大师的记忆水平跟普通人几乎没有区别，也就是说大师根本记不住桌上随机摆的那些棋子的位置。为什么呢？因为这不符合他们的心理表征，这个东西没有能够让他们形成下意识的反应。

明白了心理表征这个概念之后，我们就明确了训练的目的——把我们训练成对某件事情有下意识反应，具备完善心理表征的一个人。比如说跳水这件事，一个跳水运动员做出高难度动作，他一定对这件事了然于胸，并且清楚地想象到了自己肌肉的分配和身体的做法，不需要有意识地控制自己的身体。

在工作中刻意练习

就我自己而言，我对什么事实现了具有心理表征呢？哪件事我算是比别人厉害一点的呢？可能就是讲书吧。我拿到一本书一看，就能很清楚地抓住这本书的脉络。事实上，我每周让自己讲一本书，就是在做刻意练习。如果我每次都要求自己讲得再好一点点，那就更厉害了，这就是在工作中不断训练自己刻意练习的能力。

拿开车来说，如果你是新手，开车就一定会仔细想好先做哪一步、后做哪一步、该怎么走。但是如果是老司机，往往打着火就走，怎么开到目的地都不知道，因为这一过程完全在心理表征的控制下。练习就是要不断地建立各种各样熟练化的、下意识反应的心理表征。

如果你能训练自己，使自己成为某些方面的高手，你就具备了与他人完全不同的心理表征。怎样建立心理表征呢？作者继续做了深入的研究。他找了很多在德国学小提琴的孩子，从中挑出三类人：优秀、优异和杰出。优秀拉得不错，优异就是比优秀好一些，而杰出就是大师了。他仔细调查了这些孩子所有的成长经历，最后发现他们都进行过刻意练习，没有刻意练习过的是不可能成为专业人士的。而这三种人的区别就在于，他们18岁之前练习小提琴的时间。优秀的人平均练习3420小时，优异的人平均5301小时，而杰出的人平均7401小时，仅仅这个平均数就相差了2000多个小时。这说明**刻意练习的时间和最终的结果，存在着必然的联系。**

美国电影《阿基拉和拼字比赛》是一个以黑人为主题的电影。影片中的小女孩要去参加拼字大赛，她一开始认识的字并不多，也不是特别聪明的孩子，但是教练不断地对她进行训练，最后她记住了几乎所有的字。因为到争夺冠军的时候，一定会遇到特别生僻、特别奇怪的字，她要记得住才能取胜，这就需要对大脑进行刻意的训练。

优秀、优异和杰出的差别主要取决于时间，这和格拉德威尔所说的"1万小时定律"有类似之处。但我们要更明确一点，不是所有的事情，做1万小时就够，也不是所有的事情，都需要1万小时才能够走入专业。

| 不能随便承诺 | 有时候其实不需要1万小时 | 有时候练习就算超过1万小时，也成不了专家 |

那么《刻意练习》的作者为什么一定要反对"1万小时定律"呢？原因是这个理论会产生三个误导：

1. 不能随便承诺。你不能跟任何人承诺说，只要达到1万小时就会怎样。有个房屋中介跟我说自己卖房子已经快接近1万小时了，言下之意就是接近卖房专家，这可不好说。事实上不是所有的行业，做够1万小时就可以成为专家。

2. 有时候其实不需要1万小时。很多人听到1万小时都吓坏了，直接放弃了。但是有些事情，几百个小时就足以让你拉开和普通人的差距了。

3. 有时候练习就算超过1万小时，甚至干了一辈子，也成不了专家。

汤姆·克鲁斯的成名作《壮志凌云》（*Top Gun*）很多人都看过，那时候"阿汤哥"年轻帅气，骑摩托飙车，开飞机。这个电影的名字 *Top Gun* 其实是真实的美国空军的训练方式。越战期间，最开始美国损失一架飞机，越南要损失两架飞机，但之后越南人用了苏联人的训练，有了米格战机，战斗力大增，一架越南飞机可以对一架美国飞机。美国人急了，损失也太大了，于是他们成立了一所学校，命名为"Top Gun"。在这所学校里，由一群技艺精湛的教官扮演敌机，不断挑战学员的飞行极限。每一次风险都很大，每一次都能让学员感觉到要死，甚至真的发生过坠机事件，这种训练方式引起过很大的争议。训练时，战机上的摄像机不断记录，结束以后，教员和学员一起对照记录，分析下次怎样避免错误。教官在不断训练学员的过程中，自己的水平也会不断提高。所以学员们面临的挑战越来越艰巨，他们也变得越来越厉害。后来真正上战场，一架美国飞机能够击落五架越南飞机，有时候甚至一架飞机都不损失就能把越南的飞机打下来好几架。这种训练方式，就是一种刻意练习。

怎样将这种方式引入我们的工作当中呢？在工作中使用刻意练习的最佳方法，就是把每一次工作都视作一次训练。比如做 PPT，很多人都觉得太没劲了，一天到晚没完没了。但换个角度想，如果每次都要求自己进步一点点，你就能通过不断训练成为一个 PPT 大师。

我自己最喜欢的训练就是演讲。我整天都在演讲，几乎每星期都要做一场千人的演讲。一开始，我上场前也会紧张，有时候觉得自己就是在取悦观众，讲完后感觉很累。所以我选择挑战自己，看看能不能让自己的心理变得更强大，可不可以不用那么"卖力"地演讲，毕竟真正的高手都举重若轻。这就和唱歌一样，歌星唱歌的时候都是很轻松的，声音也特别好听，我们业余的人唱歌就容易使劲扑话筒。所以我就想，我演讲的时候能不能也像那些歌星一样，非常淡定地、慢慢地讲。最近我发现自己上场之前，心跳不会再加快，然后我就在台上慢慢讲。下一步的挑战就是，我要慢慢地讲，还能让大家笑声不断、全神贯注。这就是在不断地设定一个又一个目标。

你把工作视作练习时，就能改变三种错误思想：

1. 基因限制的思想。有人认为，能说会道的人是基因好，并不是这样的。辩论赛里很多优秀的辩手小时候都口吃，因为要训练避免口吃，才不断对着镜子练习，最后练成了辩论赛的冠军。

2. 要有足够长的时间，才能成功。

3. 只需要足够努力，就能成功。刻意练习的时间和方法都很重要。

3F 原则

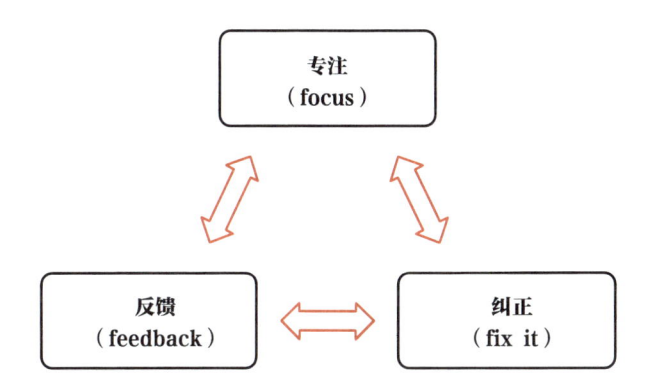

```
          专注
         (focus)
         ↗    ↘
        ↙      ↖
    反馈  ⇔  纠正
  (feedback) (fix it)
```

刻意练习可以简单地记作 3F 原则。

第一个 F 是指专注（focus）。一个高尔夫球手练习的时候，他的教练过来问他："你在干吗？""我在训练呢。"他回答道。教练说："你根本就不是在训练，你是在玩。你打球的时候并没有专注，你没有认真地思考自己的动作，然后不断纠正自己，去建立更加强大的心理表征。"

老虎伍兹在获得了 8 次世界冠军之后，决定从头开始练习挥杆的动作。科比可以一个人在球场，把一个枯燥的动作重复无数遍，他曾经问过这样一句："你有没有见过凌晨 4 点的洛杉矶？"

第二个 F 是指反馈（feedback）。一定要获得反馈，找个人告诉你哪里做得好、哪里做得不好，最有效的办法是找一个私人教练。有一位 70 岁的老人，突然想学空手道。他找到艾利克森博士："我知道你在研究刻意练习，你能不能告诉我，像我这样的还能不能练到黑带？"于是，他们制订了一个计划，来帮助老人家拿到黑带。他们给这位老人找了一个私人教练，不断矫正他的问题，不断设置任务、练习。这位老人每天用大约 5 个小时来练习空手道，5 年后，他在 75 岁时就拿到了蓝带。按照这个节奏，他有望在 80 岁时拿到黑带。

还有一个人，跑来跟艾利克森说他想成为高尔夫的专业选手。艾利克森问他："你打过吗？""没打过。"他回答道。"没打过高尔夫，那你从事过别的什么运动？"艾利克森追问。"没有。"他说。他什么运动都没从事过，就想成为一个高尔夫的专业选手。于是他们一起制订了一个计划，找了个专业的人帮他，他真的在短期内突飞猛进。这就是刻意练习的力量。

第三个 F 是指纠正（fix it），就是在发现有问题时及时改正。反馈的作用是让你发现差距在哪里，下一步就是要改正它。我中学的时候打乒乓球，纯粹就是玩，每次上台都跟人比赛，业余的人都很喜欢打比赛。结果一到大学，遇到几个专业选手，发现根本打不过人家。专业的同学就告诉我："你的每个动作都有问题，每个动作都差一点点，你肯定打不过我啊。"通常，他们的方法是：一个动作练好再练下一个。比如，今天下午练正手弧圈球，那这一下午不干别的，就正手弧圈球"啪啪啪"使劲打。这个练好了，下次再换反手推挡。我乒乓球进步最快的时候，就是在西安交通大学读书时跟这些专业选手在一起训练的那段时间。你会发现，虽然很枯燥，没有打比赛有意思，但是练习才能让你进步。我到现在脑海当中还存有那个画面：天已经黑了，我们几个人还在球场上，不停地"叮咣，叮咣"……

还记得福原爱吗？她妈妈训练她："爱酱，今天咱们要练习1000个球不断哦！"爱酱说："是。"然后两个人就开始打，"叮咣，叮咣"……1000个球不能断，断了就要重新来。爱酱一会儿就哭了，一边哭一边打，但她一定要训练到能连续打1000个球不断。

纠正就是你要想办法把自己的短板训练到有所突破。刘国梁训练张继科的时候，动作快到像机器一样，快到根本看不见手，球就疯狂地发过去了，张继科就在那边"啪啪啪啪"一直打。这太累了，一盆球打完之后，张继科已经累得喘不上气了。这个时候刘国梁说："嗯，这个速度还行。"这才叫专业。

这就是3F原则：首先从专注开始，其次找到专业的人给我们反馈，最后不断纠正。**不断挑战舒适区，就能让工作成为刻意练习的战场。**

在生活中刻意练习

刻意练习如何运用在生活中呢？第一步，找一位专业导师，了解他的口碑和之前学员对他的评价，看他获得的奖项。第二步，拜他为师，每周只要拿出固定的时间练习就可以了。

如果没有导师怎么办呢？我们来看一个故事。有一个马戏团的小丑，负责在两个节目的间歇上台给大家讲故事，目的是留住观众。而在两个节目之间，很多人都会去买爆米花或者聊天，没有人会在意中间串场的小丑。这个小丑很失落，他想成为一个讲笑话的大师。于是他想到一个办法，他在街头随便拦住一个人，跟对方聊天、讲笑话。可是陌生人无缘无故的，并不想跟他说话，只是匆匆离开。他每次给人讲故事，被拒绝时就掐表，每天统计跟街上的陌生人聊了多久。他的目标是，要训练到自己跟任何一个人聊天，只要一开始就能聊好几分钟。后来，他讲故事的能力真的变得超级强。而纵观全部过程，他并没有找到大师，他只有一个秒表而已。其实，秒表就是一个非常重要的大师——给你**反馈**。如果没有人帮你，你就要自助，自己记录时间，及时反馈、反思。

艾利克森发现一个很有意思的情况：每年一过春季，二手吉他的交易就特别火爆。为什么呢？因为很多人都在新年的时候许愿要买一个吉他学，但是过完了春天，才发现自己真学不了。各个俱乐部里也有大量办好的卡没人用。我们很多人都难以跨越停滞阶段，突破不了瓶颈，从普通人到专业人士，要跨越这个停滞阶段是非常困难的。在这个时候，要学会一件事：**保持动机。**

很多人认为那些牛人之所以那么厉害，是因为他们有超强的意志力。但事实上，世界上并不存在普适的意志力：一个人在一件事上有意志力，在其他事情上却未必。所以，根本没有意志力一说，所谓意志力的表现，都来自动机。

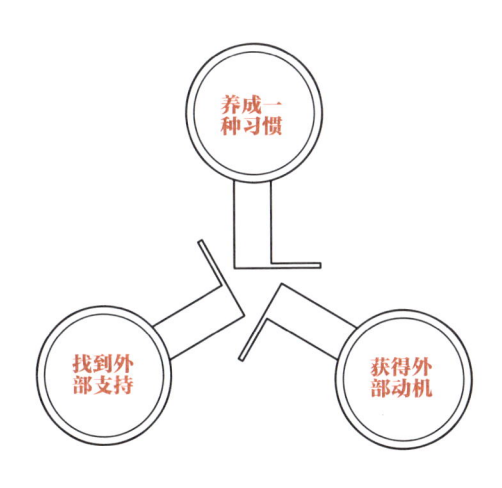

```
        养成一
        种习惯

  找到外         获得外
  部支持         部动机
```

如果你希望自己在生活中，能够突破这些停滞阶段，就一定要学会保持动机。

第一，养成一种习惯。每周一小时或者每天一小时，让自己坚持做一件事情。作家的习惯就是每天坚持写作，运动员的习惯就是每天训练。

第二，找到外部支持。外部支持可以带给你很强的动力，让你不断进步。富兰克林成立了一个俱乐部，只接受超级牛人，俱乐部里的所有人每周聚会，分享自己的新发现。这时候大家就会发现，不学习都不行，因为别人在不断督促你进步。

第三，获得外部动机。如果你想练健美，最好在墙上贴一大幅健身人士的照片；如果你想减肥，就要经常看那些瘦人的照片。所以说，需要用各种各样的方法找外部的动机维护自己的动机，这样才能保持自己在生活中刻意练习的节奏。

从刻意练习到成为高手的四个阶段

任何一个人，从开始刻意训练到最后成为高手，都要经历四个阶段。

第一阶段：产生兴趣。并不是所有的孩子一开始就喜欢下象棋，也不是所有的孩子一开始就喜欢拉小提琴，他们的父母给他们创造了产生兴趣的机会。在第一个阶段，接触、娱乐，不管别的。

第二阶段：变得认真。就好像我儿子嘟嘟学跆拳道，到现在慢慢变得认真了。当他获得蓝红带这个比较高阶的段位时，他就放不下这件事了，觉得每周一定要去训练，而且要刻意练习。

第三阶段：全力投入。像专业的选手一样，全情投入，心系一处。

第四阶段：开拓创新。就像刘国梁用拍子的背面直拍反打一样，当你开始发明这些东西的时候，你就处于开拓创新的阶段了。

如果你能走到第四阶段，就说明已经成为真正的高手了。

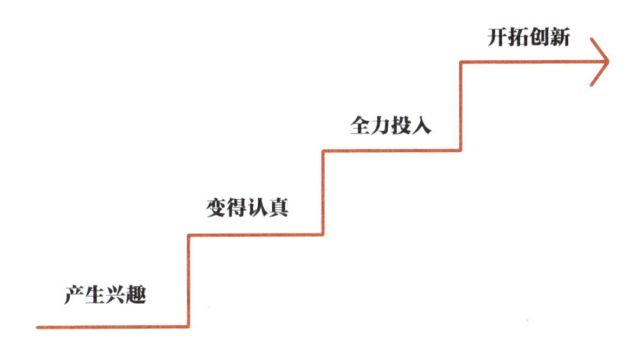

产生兴趣 → 变得认真 → 全力投入 → 开拓创新

对天才最合理的解释

回到最初的问题，真的不存在天才吗？很多人都会说，肯定是有的。对于天才，最合理的解释是什么呢？因为家里特定的氛围和文化，所以孩子更有可能对某件事产生兴趣，进而产生动机，然后持续地练习。这就是为什么很多技能会代代相传。

我一个朋友的哥哥是中央交响乐团的首席小提琴家、中国大剧院的音乐总监。他哥哥的小提琴已经达到国际顶尖水平，但是他弹钢琴就只比高中老师强那么一点点。他们的爸爸是一位音乐家，在教哥哥的时候倾注了全力，拉不好，揍一顿！严师出高徒，最后培养出了哥哥。到了他，爸爸就舍不得揍了，觉得老二太小了，所以他也就练得马马虎虎。当然，我们并不是倡导大家揍孩子。这里想说明的是，他们的爸爸是位音乐家，几乎所有在音乐方面特别出色的人，家里都有一定的音乐背景。所以，对天分最好的解释，就是你能更有机会对某件事产生兴趣。

还有人说，患自闭症的孩子有的数学特别厉害，有的画画特别好，这难道不是天分吗？不是，因为患自闭症的人比普通人更容易专注。患自闭症的孩子，一旦进入某种状态，就会极度专注，所以，不管学数字还是绘画，他们都会比一般人做得更好。这不是天赋，而是经过不断的练习之后，才获得的能力。

所以，对于天分的真正理解，就是它能够给你提供兴趣，同时给你提供动机，让你觉得自己渴望成为一个这样的人。你见过很多这样的人，并且在这方面产生了兴趣，这才是最重要的。

结 语

《刻意练习》最大的意义在于，它告诉我们智商和天才之间没有必然的联系，天才之所以为天才，只是因为他们经过了刻意练习，在脑海中产生了心理表征。不论什么时候开始刻意练习，都为时不晚，年轻人尤其具有优势。这给人类提供了一个完全不可思议的未来。如果走在街上的每一个人都有一技之长，或是能同时记住300个数字，或是能成为象棋大师、会跳水、会空手道……这个世界就会变得特别精彩。

07

识别关键对话，沟通不再困难

当我们面对重要问题保持沉默时，我们的生活便开始上演悲剧了。
——马丁·路德·金

▌ 推荐阅读：《关键对话》

荐　语

人这一生中总会面临很多关键对话的时刻：一次关键的面试、向心爱的女孩求婚、面对一个艰难的商业谈判、和自己的另一半吵架……那么，你能搞定多少次呢？又有多少次因为不会面对关键对话而丧失良机？

你可能会自责：我怎么就控制不住脾气、怎么就那么笨，明明想好了词最后怎么就没说出来……《关键对话》就是为了解决你遭遇过的这些问题。根据它的指引，你会发现自己也可以很好地控制自己的情绪，能够智慧地引导对话走向问题解决。

值得一提的是，这本书由四位不同背景的作者联袂奉献：有斯坦福大学组织行为研究专家，有咨询顾问，有著名演讲师。除了本书外，他们四位还著有《关键冲突》《影响力大师》《关键改变》其他三本畅销书。这套方法成功被《财富》500强中的300多家企业采用，迄今为止在全球培训过近百万人。这本书也得到了著名的管理学大师史蒂芬·柯维的青睐，他亲自为其做了第1版和第2版的序言。

关键时刻,为什么我总是掉链子

关键对话有三个特征:一是利益攸关,比如面试、升职、加薪、相亲,事关自己的重大利益;二是双方情绪激烈,比如生活和工作中发生的冲突、争执;三是双方意见分歧很大,比如,你不让孩子玩游戏,但孩子偏偏想玩。任何符合这三类情形之一的对话都被称为关键对话。其实这个定义并不重要,你只要知道关键对话就是那些事关重大又很难搞定的对话就可以了。

有句老话叫"关键时候掉链子",为什么有些关键对话谈完后,你会特别懊恼,感觉那时候的表现完全不像自己?平时那个谈笑风生的你,突然紧张得一塌糊涂,或激动得忘乎所以。我们每次打完辩论赛后都要"复盘",最常听到队友抱怨的就是:"为什么这么好的一个理由、一个案例我就给忘了呢!"最会说话的一群人,关键时候竟也会掉链子。要知道,人最恐惧的事情是在一群人面前说话,二号恐惧才是死亡。

"关键时刻掉链子"来自我们祖先在原始社会时的本能反应。人类学从生物和文化的角度来研究人类,它发现我们现代人的很多行为方式其实都根源于在原始社会中养成的习惯。设想一下你生活在原始社会,可能会遇到什么危急情况。与一只老虎狭路相逢,或者被一群外族部落的人围起来,你的第一反应是什么?要么冲上去拼了,要么扭头就跑——"打或者逃"。无论是打还是逃,都要求四肢快速反应:你的肾上腺素开始活跃,血液"唰"地涌向四肢，让你瞬间满血复活，充满战斗力，但你的大脑却因为缺血无法正常思考。此时，你的身体已经做好了应对危险的准备，而你的智力水平却和一只恒河猴（恒河猴一般指猕猴）差不多。

"打或者逃"使得我们在面临关键对话时，往往会陷入"要么愤怒——得罪对方""要么忍受——委屈自己"的两难境地，而这两种结局都不是我们想要的。怎样才能做到恰如其分，既把事情解决了，又不会破坏彼此的关系？这就是《关键对话》要解决的问题。

我们在关键对话的情景里，要始终坚持一个原则：**对对方保持百分之百的尊重，同时做到百分之百的坦诚。**我在讲课时一说到这个原则，大家就一片哗然："这怎么可能，坦诚就会伤人，都伤人了还怎么谈得上尊重？"如果你能掌握关键对话的技术，就完全可以做到。

从"心"开始：管好自己的情绪

《关键对话》的作者建议要从"心"开始，就是先审读你的内心。弘一大师曾说："盛喜勿许人物，盛怒勿答人书。"特别高兴时别随便许诺把东西给别人，如果事后后悔可就要不回来了；特别愤怒时也别随便给人写信，此时写信肯定没什么好话，得罪人也就在所难免了。进行一场关键对话之前，首先要把自己的心态管理好，让自己平静下来。许多人会说："这个道理我懂，我也想让自己平静下来，但火气来了怎么挡也挡不住,恨不得撸起袖子跟人干架!"那么,怎样才能管好自己的"心"呢?很简单,人的愤怒都不是他人引起的,而是自己造成的——"打住,这怎么可能!要不是孩子学习不好,要不是下属老迟到,要不是另一半不干家务,我怎么会生气?一分钟前我还好好的呢!"

我曾讲过一本《我的情绪为何总被他人左右》,作者阿尔伯特·埃利斯是美国著名的心理学大师,他提出的情绪ABC理论让人恍然大悟。A(activating event)代表我们日常遇见的具体的人或事,比如难缠的上司、同事,办公室的钩心斗角,生活中与配偶的冲突、家务劳动、财务问题等。C(consequence)代表在A的情形下你的感觉和你的行为,如果你有一个重要的会议,但路上大堵车,这时你就会从平时的绅士变成"路怒"一族,不断地并线加塞,嘴里骂骂咧咧。真的是堵车导致了你这样的"路怒"行为吗?为什么别人不这样?原因是,在A和C之间,有一个B(belief),就是我们对具体的人或事的思考、判断。是B导致了C,而A只是诱因之一。

比如,孩子成绩差,你感觉压力很大,老对孩子发火。而邻居家孩子比你家孩子成绩还差,邻居却能心平气和,为什么呢?主要原因在于你们俩对孩子成绩好坏这件事的看法不一样:你可能会觉得孩子成绩差,将来考不上好大学,考不上好大学就找不到好工作,找不到好工作成家就受影响,整个人生都将黯淡无光……而你的邻居呢,他想得开,现在成绩差又不意味着将来差,成绩差不意味着能力差,找不到好工作还可以自己干……现在你可以接受了吧,你生气是不是你的思维造成的?

1. 审读内心

2. 不迁怒于人

3. 改变自己的看法

可见，想要让你的C（情绪和行为）不陷入反击状态（着急、生气），唯有改变你的B（思考、思路）。很多人穷其一生，都在试图通过改变A来改变C，孩子成绩不好，就请老师来补课，直到把它补好为止。那要是补不好呢，这孩子还要不要？和另一半发生矛盾，就疑神疑鬼，封锁财政、查抄微信，这能让他安安心心地过日子？爱人和孩子的问题还没解决，老人家又生病住院了，刚把老人身体调理好了，自己又生病了，你说这样的人生惨不惨？其实，这不是夸张，这就是很多人一生的真实写照。人生不如意事十之八九，如果总是试图改变A，而不关注B，你的人生很可能会陷入一个又一个痛苦，永远得不到解脱。

有的人明明知道，发再多的脾气，孩子的成绩也变不好，反而可能越来越糟，但为什么就是忍不住要发脾气呢？习惯使然。《次第花开》这本书中讲过，当你能够学会打破社会惯性时，你就不会把自己的不愉快归因于他人，这样才能找到问题的本质，而不是针对这个令你生气的人和事。

孔夫子夸颜回"不迁怒，不贰过"，即颜回向来就事论事，不会迁怒于人，犯过一次错误就不会犯第二次了。能做到这一点非常了不起，所以颜回被称为"复圣"。也许你会说我们都是普通人，做不到颜回那个境界，但王阳明曾说过"人人都可以成为圣人"。其实你只要做到从"心"出发，凡事反思自己的思考方式，你离圣人就不远了。

关于改变心态，我建议大家参阅《高效能人士的七个习惯》里主动积极的那部分内容，一个积极的人是不会轻易地被别人改变的。请再次铭记——**你的苦恼并不是由他人引起的，我们要改变自己对他人和世界的看法才能解决问题，而不是责怪他人。**

建立先导性思维：关注你的真实目的

怎样建立理性的思维呢？在关键对话前，你要学会问自己四个问题：

- 第一，这次对话，我的目标是什么？
- 第二，对话之后，我希望能够为对方达成的目标是什么？
- 第三，对话之后，我希望为我们两人的关系达成什么样的目标？
- 第四，要达到以上目标，我该怎么做？

这四个问题就是关键对话的先导性思维。问完这四个问题后，你会迅速回归冷静。

用一个案例来示范一下。如果你有一个读高中的孩子，他很喜欢玩游戏，成天玩。你发脾气，没收手机，好话歹话说尽了，就是不管用，怎么办？跟他来一场关键对话。

我的目标——帮助他减少游戏时间，更专注于学习；我希望为孩子达成的目标——除了专注于学习，还要让他感受到我是爱他的，是替他着想的，并为他找到一个平衡玩游戏和学习的办法；为我们两人之间的关系达成的目标——我们的关系会变得更融洽，让他感受到我对他无条件的爱。当你问完以上三个问题时，你可能就已经找到很多办法了。该怎么做呢？比如，你应该先表达关心、表达理解，告诉他"爸爸小时候也很喜欢玩游戏""妈妈小时候也迷恋过一个明星""我们理解你，在你这个年龄段迷恋玩游戏是很正常的"。当你说这些话的时候，你的心情不会太差，孩子没有被指责，他也不会太逆反。那么，你可以接着说："为什么我们要和你谈呢？不是因为我们想要控制你，而是希望你在高中的关键时刻过得更有意义。你有没有两全其美的办法？想不想听听爸爸妈妈的建议？如果谈妥了，我们能不能一起定个规则，把它写下来，然后一块儿来执行？"

当我们完成了关键对话的先导性思维之后，你要时刻牢记对话想要达到的目标，不是发泄情绪，而是解决问题。有的人对话时，谈着谈着突然发飙，把门一摔，气呼呼地走人了。可能是对方一个不经意的动作、一个不经意的语气词，让他感觉自己被冒犯了，被蔑视了。他受不了了，小自我就开始反击，至于谈话的目的和意义，早忘得一干二净。

很多黑帮电影，比如杜琪峰拍的那种，两个帮派要打架，刀子抢起来，枪也拔出来了，千钧一发之际，一定会出现一个和事佬。这个人跟两家都有交情，他会跟两边说："消消气，消消气……大家求财！"此话一出，双方大哥的暴力指数立马下降。因为"大家求财"击中了他们，这是他们的目标。而打架是背道而驰的，会伤人，甚至死人，肯定要赔医疗费、抚恤费，搞不好还会惹官司甚至蹲大牢，劳民伤财，于人于己都不利。当我们强调对话目的时，你的情绪就不容易失控，就连黑帮这种暴力分子要跟人火拼时，也一样会被目标说服。

大家一定看过《教父》，还记得维托·柯里昂摸着那只猫跟他的儿子说："永远不要被你的对手激怒！"因为你一旦被人激怒，智商立刻归零。他的那位彪悍的长子逊尼就是被激怒后中了埋伏，被人打得千疮百孔。而他的次子迈克则冷静地制订了一系列缜密的复仇计划，终于成功变为第二任教父。

喜欢体育比赛的朋友们也一定不陌生，很多球员和教练都喜欢采用一些小伎俩来激怒对手。比如，当年公牛队的罗德曼就经常使用一些"阴招"激怒爵士队的马龙；被誉为"禅师"的菲尔·杰克逊也经常在重要比赛中大肆批评裁判和对方球队的主帅和明星，虽然大家都知道这是他的心理战，但这招还是屡试不爽。

我们在生活中当然不会经常跟人发生这种"大家求财"的谈判，但类似重要的谈判也不少。比如，你想跟老板谈加薪，就要提醒自己"我今天走进这间屋子，是为了让老板给我加薪，而不是为了出一口气"；你想跟沉迷游戏的孩子谈话，要想到"我今天跟孩子谈话，是为了帮助他戒掉游戏瘾，而不是为了逼他离家出走"；你想修复夫妻关系，要告诉自己"我跟老公谈话，是为了让他感受到我的爱和家的温暖，而不是为了跟他置气"。当你能够时刻提醒自己对话的意义时，你的情绪就不容易失控了。

掌控情绪：关注谈话的氛围

我很推崇"双核人"这个概念，就如同手机一样，一个核负责处理游戏，一个核负责通话。我们的脑袋中也需要有两个核，一个核负责处理谈话的内容，一个核负责处理谈话的情绪。哪个核更重要、更优先呢？当然是后者！当你发现对方情绪不对，气氛变得紧张时，你应该立刻将内容核暂停，加大情绪核的运转功率，等谈话的氛围变得轻松后再启动内容核。

《大话西游》里唐僧的唠唠叨叨让小妖上吊自尽，生活中我们遇到的"叨叨神人"多是老妈。还记不记得小时候，你只要一坐在电视前，老妈就唠叨上了："怎么不去写作业！写完了？那再做会儿练习题，练习题放学校了？那再去背会儿单词吧，不想背？那怎么行！这电视有什么好看的！听话，妈妈一会儿告诉你结果。"你回屋后会不会想把书给撕了？

为什么单身大龄青年那么怕回家？老爸的冷脸倒也罢了，关键是老妈那无敌的"叨叨"让人生畏："我今儿看见你小学同学小丽啦，就小时候老梳两个小辫、有酒窝的那个，那会儿老来咱家，去年刚结婚，你都忘了吗？哎，今儿人家抱了一个胖小子来看她妈啦，瞅小模样可俊啦，我还抱着亲了口呢。哎，哎，你别不爱听，说你呢，我和你爸都多大岁数了，我们就等着抱孙子呢！你说小时候多争气，多听话啊……我跟你说，我这儿有两个小伙子的联系方式，你一会儿就主动给人家打个电话，约着见见面？"好了，你还是抽冷子赶紧一抹屁股走人吧。这种谈话几乎是负效果的，但为什么那些爱叨叨的妈妈就是停不下来呢？因为她只有内容这一个核，完全没注意或者不管谈话的氛围是否已经完蛋了。

当然还有一个正面的例子，电影《中国合伙人》中，成冬青（黄晓明饰）、王阳（佟大为饰）、孟晓骏（邓超饰）三个合伙人飞到美国与考试机构谈判，谈判的上半场异常艰难，美国人的立场强硬，揪着侵权不放。眼看谈判就要陷入僵局，王阳马上建议："我们先别谈了。"然后三人找了个小饭馆吃饭。这是一个屡试不爽的高招，当氛围不好时就停下来吃饭。正好快到中秋节，他们买了一盒月饼回到会议室，开玩笑说："待会儿要是打起来了，我还可以拿它砸你。"美国人一听就乐了："我就喜欢你的幽默。"气氛一下就缓和下来，接下来他们按照新的方法继续对话，谈判非常顺利。

很多人在谈话时非常执着，不把自己想说的话一股脑儿地倒出来根本停不下来。不管对方的脸色变了又变，手腕抬了又抬（看手表），也不管对方黑着脸说："我知道，我理解你。"他仍然自顾自地说："你不明白，你不理解！"非得说到对面没人了才愤愤不平地收场，这又何苦呢？所以，我们应该学会舒缓对话情绪的方法。

第一，道歉

道歉是缓解情绪最有效的方法，比如："我刚刚说的话可能有点过头了，对不起。""我刚才说得不合适，非常抱歉。""有的地方我可能掌握得不够准确，请你指出来。"人们最怕跟一个永远不会错的人对话，对话越深入，好像自己错得越离谱。

道歉

对比说明

创造共同目的

保持尊重

第二，对比说明

对比说明就是通过对比来阐释你的真正目的和容易被误解的目的，比如，夫妻之间："我今天和你谈的目的是希望能够解决咱们孩子的学习成绩问题，不是责怪你。""我希望能够改善我们的关系，我不希望让你觉得我总是在埋怨你。"与孩子的谈话："爸爸今天和你谈话是希望你能在学业上有所进步，而不是想要给你施加压力。"与老板的谈话："我今天来找您，是想找到一个让我发挥更大能力的空间，而不是来跟您提条件的。"当你能够做对比说明时，气氛就会很容易缓和下来。

第三，创造共同目的

黑帮火拼时的那句"大家求财"，就是共同目的。夫妻双方情绪不佳时会说："亲爱的，你看，我们不是都希望这个家变得更好吗？"股东争执时会说："我们都希望公司能够有一个更好的发展。"**当你能够找到一个共同目的，并且反复强调时，对方就能觉察到对话情绪的安全。**

第四，保持尊重

尊重就如同空气，有的时候你可能没有感觉，一旦它不在了，你立刻就能感觉到。保持尊重是人一生的修养，有些人你能从心底感受到他的礼貌、修养和诚意；有些人虽然彬彬有礼，但他的倨傲冷漠让你与他待一刻都觉得难受。

这四个方法如果你能习之、用之，久而久之，你就会成为掌控情绪的高手。

我很喜欢给为人父母的朋友举这个例子。有一位忙碌的爸爸终于要进行一次艰难的谈话了，他的女儿跟一群吸毒的人混在一起，这位爸爸非常担心。但谈话刚一开始，女儿就爆发了，她大声哭诉道："你们从来都不关心我，你现在和我谈，不就是因为你怕我给你丢人吗？你用不着管我，我也不用你管！"其实这样说对爸爸很不公平，试问哪个爸爸不关心自己的孩子？如果这个爸爸追求的是公平感，他就会被激怒。暴脾气的人要么直接一个巴掌就捆上去，要么一拍桌子："好，你说不用我管，那我就再也不管你了！"砰！摔门走人。这样能解决问题吗？这是你想要达到的目的吗？事实上，这样做的结果是：女儿会更加伤心，更验证了爸爸根本不爱她。如果爸爸觉得做父亲失败透顶，以抽烟喝酒去逃避，任由这个问题发展，这个家庭可能会走向崩溃。

我有一个观点，**在对话的过程中，只有弱者才会追求公平**，只有小孩和心智不成熟的人才会大声地叫喊："这不公平！"因为小孩对抗不了大人，他只能号召公平。而一个强者在对话的过程中，应把追求公平放在次要的位置。你得想怎样才能更好地解决这个问题，怎样能够让我们双方实现共赢，而不是你惹怒了我，我必须找回公平。

最终这个爸爸怎么做呢？他首先去反映对方的情感："爸爸知道你心里真的不好受。我之前对你的关心真的有些少，我的工作需要我老出差，我向你道歉。我今天专门腾出时间来，不安排任何工作，你愿意和爸爸谈谈吗？"这句话说完后，女儿的对抗情绪立刻开始转向。歉意和诚意保证了谈话的情绪，这才是一个强大的爸爸，一个真正爱女儿胜过爱自己的好爸爸。所以，学会掌控对话情绪是一件非常重要的事情。女儿听完，"哇"的一声哭了，她哽咽着告诉爸爸，她交那群朋友都是因为家庭缺乏温暖。她其实很害怕她们吸毒的样子，她很害怕自己变得跟那群朋友一样，她多么想让爸爸妈妈知道她内心的真实想法。爸爸拥抱着女儿，表示对她的理解和信心，相信女儿不会吸毒。他们一起制订了一个远离她那群朋友的计划。这次谈话成功地帮助他的女儿躲过了毒品的威胁，也让家庭免于破碎。一个掌控谈话情绪的技巧只需要你稍微低低头，而这个收获是无价的。

生活中我们常会碰到一些人，脾气火暴，还自认为是有血性的性情中人。自己想要谈成一件事，结果没等别人发火，他先爆发了，责任自然都在别人头上。如果你是这样的人，我奉劝你想想这个案例，忍一下，退一步，一点也不丢人。当你怒上心头时，冷静一下，暂停！停五分钟就好，停下来问问自己谈话的目的是什么。

开始对话

我们做好了准备工作：从"心"开始，审读自己的内心；问自己四个问题，调整好自己的心态；掌握谈话氛围，让对方感到安全。这样就可以开始对话了。

第一步，分享事实经过

谈话过程中，最不容易激怒对方的就是事实。如果你先详尽地描述一个事实，把事实说清楚，那么对方就更容易接受你的观点。比如，你的一个下属让你非常恼火，如果你先说："我认为你从来都不重视我说的话！"这是一个观点、一个评论，他可能会生气，下意识就会辩解："我哪儿有，不是你让我干啥我就干啥吗！"他一旦生气，开始跟你辩论，谈话就很难继续了。如果你这样说："上周我给你发了四封邮件，你都没有回我。"这是事实。你一旦这样说，他可能立马就会低头，谈话自然水到渠成。也许你会问："那我先说观点，然后摆事实给他迎头一棒行不行？"这样不好。因为你已经把他愤怒的小火苗点燃了，他只会跟你辩解："我以为你是群发的。""我当时忙。""我觉得没什么可回的，做了不就行了！"

很多人特别怵与老板谈加薪，会担心老板以各种理由拒绝你，担心给老板留个"往钱眼里钻"的坏印象。你不妨试试这个方法，先谈事实："王总，我进入公司已经 3 年 3 个月了，现在的薪水还只是一个转正大学生的水平。我去年的业绩考评是公司里的前 20%。"当你用数字描述了这组事实后，相信老板会对你的请求有一个理性的认识，而不是无名火起。

第二步，说出你的想法

表达自己的想法需要一定的技巧。当你从事实过渡到个人想法时，对方还是可能有抵触情绪，毕竟你与对方讨论的是不愉快的话题和看法。这时候需要勇气和自信，留意对话安全感是否被破坏。你可以使用对比说明法，把你的想法说出来。继续加薪的谈话，你可以这样说："我今天找您，的确是希望得到加薪。我希望能够为公司做出更大的贡献，加薪能让我感到公平，也更有动力。我不希望让您感觉到我只是为钱工作。"这么一说，合情合理，同时打消了老板"为钱工作"的看法。

第三步，征询对方的观点

关键对话的核心在于在自信和谦逊之间找到一种平衡，**前两步要表现出足够的自信，而在征询对方的观点时要表现出足够的谦逊**，要表现出真诚而非做作的谦逊。继续加薪的谈话："我想知道您对我的工作是怎么看的，我也特别想知道您对我还有哪些方面的意见和建议。"这样自然地就把问题引到了对方身上。

当你征询对方的观点时，你就把难题推给了对方，对方可能就会进入"沉默"或"暴力"的状态，就是"打"或者"逃"的选择，不知道该怎么处理了。这时候我们前面所学的知识就派上用场了，我们要用那些恢复情绪、恢复氛围的方法来与对方沟通。如果他与你的观点相差很大，甚至在你看来是错的，你没办法认同他，这时你就可以运用"找到共同点"。你可以说："我们都希望公司是一个讲求奉献的地方，这一点我完全同意。我们都希望公司能够节省成本，这一点我也完全认可。而且您也说了一个人不应该只为钱而工作，这一点我是绝对认同的。"这下找到共同点，就把对话拉回到安全的氛围中，而且容易拉近双方的距离。千万不要说"观点不一那咱们就不谈了"，这种霸道的方式很容易引起对方的反感和反击。

接下来要找到对方的盲点进行补充，所谓盲点就是对方没有看到的方面。你的老板可能压根不了解你的薪资状况，你要接着说："我要补充一点的是，我在进入公司时，薪酬是 3200 元，入职三年的业绩考评都是优秀，跟我同时进入公司的小张已经涨到快 5000 元了。我不明白为什么我考评优秀,但工资始终没有改善。"然后对不同意的地方做对比说明:"您的意见是希望我以这个薪水继续工作,这样的话的确会让我感到不公平。坦诚地讲,这会影响我的工作积极性,我可能会选择别的工作。这对我们双方可能都是一种损失,因为我对公司很有感情,也很想做出更大的贡献。"

当谈话陷入僵局时,有时候必须做出一些创造性的预设,可以参看《第3选择》。比如,你可以提出:"如果您实在不愿意在当前的情况下给我加薪的话,我建议您可以在给我加薪的同时再给我委派一些其他的工作,我愿意为公司多做一些工作,我自己也能进步。这样安排既能给公司多创造价值,也能让我的生活得到改善,您觉得怎么样?"如果话都说到这个地步,你的老板还没有表态,或者没有把你调到更重要的客户经理、销售经理的位子上,那他就真不值得你再费口舌了。

结　语

　　如果你从来没有遇到过"关键对话",有两种可能:一种是你根本不在乎谈话的结果,谈成什么样都能接受,无所谓,人生就这样,心理学上称之为"习得性无助";另一种是人生实在没有什么挑战,没有人在乎你,所以不需要面对关键对话。但如果你不想要这样的人生,那么再回想一下你生命中的那些关键对话,如果采用了以上的方法,结果是否会完全不同?学以致用,尝试发现工作和生活中的关键时刻,设计一场关键对话,将这些方法融入你的行为,久而久之,它会成为你的行为习惯,你也会成为一个沟通高手。

08

走向双赢的谈判策略

有一种方法能够解决我们所面临的
最棘手甚至看似无法解决的问题,
它既不是你的方法,也不是我的方法,
它是一种更先进的方法,我称之为"第3选择"。
——史蒂芬·柯维

推荐阅读:《第3选择》

荐 语

我们在生活中总会遇到棘手的问题、意见冲突、谈判陷入僵局的情况。我们既不想"听别人的",也无法让对方"听自己的"。于是我们失望,决定放弃,或者勉强妥协,接受一些最终让自己难受的方案。其实,生活中不总是非此即彼,还存在"第3选择",而每个人都有第3选择的能力。我推荐大家阅读《第3选择》,它的作者是大名鼎鼎的史蒂芬·柯维,他的《高效能人士的七个习惯》享誉全球,影响了无数人。

柯维被誉为美国的"思想巨匠",被《时代周刊》评为"人类潜能的导师",《经济学人》杂志推举其为"最具前瞻性的管理思想家"。他的思想成就与卡耐基、德鲁克、韦尔奇并肩比齐。他是全世界备受推崇的领导工作权威、家庭问题专家、教师、企业组织顾问,在领导管理理论、家庭与人际关系、个人管理等领域久负盛名。《财富》杂志100强中90%的企业和500强中75%的企业是他的受教者。柯维有9个子女、50多个孙辈,在2003年还被授予"最佳父亲奖",足见他是一位将事业与家庭兼顾的人士,而这也是我的愿望。

柯维深受孔子影响，他在作品中常常引用《论语》。孔子说："君子求诸己，小人求诸人。"就是努力做"影响圈"的事，而不在"关注圈"骂人。所以《第3选择》可以看作他"吾道一以贯之"的集大成之作。

这是柯维生前写的最后一本书，根据他永远"活在高潮"的理念，这本书也可被视为他最好的一本。本书源自七个习惯中的"协作增效"原则。按柯维的话说，在《高效能人士的七个习惯》中，限于篇幅，他只能泛泛而谈，在这本书中终于可以开怀畅谈了：你可以看到，一位父亲一夜之间挽救了自己抑郁多年的女儿；一位警察局局长将加拿大首都的青少年犯罪率减半；一对夫妻曾经无话可说，而今笑对过往的艰辛；一个团队将纽约时代广场从藏污纳垢的场所打造为北美顶级的观光胜地。

它的方法可以帮你解决工作问题、婚姻问题、子女教育问题、个人财务问题，甚至帮助你免受官司困扰，按柯维的话说，它是用来解决一切问题的。

第3选择：一条双赢之路

在竞争中，第1选择是我打败你，第2选择是你打败我，第3选择就是要找到一个解决方案，对咱俩都有好处，双赢！有人说这怎么可能，钱在这儿，要么是你的，要么是我的，要撕成两半咱俩谁都花不了。

我在西安讲这堂课的时候，举了个例子：两个人，但只有一个苹果。第1选择是我吃，第2选择是你吃，怎么做第3选择？有人说："切开一人一半。"这还不够好，本来两人都抱着吃一整个苹果的想法去的。也有人说："我们拿这个苹果赚点钱，比如做成平安果，雕刻一下，然后卖了分钱。"这个主意不错。但我最欣赏的是一位小姑娘的答案："把苹果籽种到地里，长出苹果树来，一人就可以得到半棵树的苹果。"这是一个多么好的第3选择。可见**第3选择绝不是让你妥协一下、忍让一下，其核心是创造。**

互联网战场一直都是分久必合的，滴滴与快的、百合与世纪佳缘、优酷与土豆、58同城与赶集网，原来同一个市场打得不可开交的两大高手，发现再打下去双方都要"挂"了，干脆合并吧。合并的意义远不止于停止恶性竞争，还在于将原来竞争的能量用于为客户提供更多的价值、创造更大的蛋糕。

第3选择的另一个意义在于协同。《关键对话》一书介绍了原始人本能反应中"打或者逃"的模式，打或者逃，反抗或者忍受，成功或者失败，支持或者反对，你赢或者我赢，这都是两种选择。第 3 选择则意味着我们协同，一起达成一个更好的结局。

有一位妈妈因为女儿的学校突然把音乐课给取消了，非常生气，于是跑去学校质问。一位老师告诉她，政府要求学校增加阅读和数学的学习时间，所以就拿音乐课开刀了。一般情况下，如果老师这么说，家长也就只能抱怨抱怨政府："政府真是管得宽，咋不少收点税呢！"但这位妈妈就不一般，她说："咱们肯定能找到同时学习音乐和基础课的办法。"那位老师也被激发了："对呀，音乐里不就包含着数学思维吗？"于是爱好音乐的家长和一位愿意研究的老师合作开发出一系列通过音乐来讲授数学的课程。这就是第 3 选择。

构建"第 3 选择"的思维模式

东西方思维差异很大。虽然我喜欢国学，特别是儒学，但我还是喜欢讲老外的课。国学大都高深奥妙、语言优美，需要反复体悟，然后心有所得，非常难讲。即使你听懂了，也很难照样去做，它没有方法的部分，不会告诉你按照一个路径去实现。而外国人的书则不然，他们推崇的是分析思维。把大象关进冰箱需要几步，这在咱们中国是个笑话，但外国人则不这么想：第一步，打开冰箱门；第二步，把大象赶进去；第三步，把冰箱门关上。他们不会觉得这有什么好笑的。大名鼎鼎的六西格玛的基本逻辑就是：第一步，发现问题；第二步，解决问题；第三步，评估。所以外国人做任何事，都一定是第一步、第二步、第三步……如果第二步特别复杂，再把第二步分成2.1、2.2、2.3……这样的好处显而易见：标准化、可复制。那些大型的外企从来不怕人才流失，它们可以不依赖任何能干的人，换一个普通人，经过系统培训后都可以胜任相关工作，这的确是值得我们学习的地方。

第3选择的核心是创造、协同。 按理说，这种创新思维的事情只可意会，不可言传，但柯维把这样一件复杂的事情给简化了。

思维模式之一：我看到自己

我看到自己，在这里的意思是"看到我自己的内心"。用禅宗的话来说，就是："主人翁何在？"现在掌控你的是你自己，还是你的情绪？很多人完全被情绪牵着鼻子走，别人只要触犯了他的"小心脏"，他就要报复："你瞅啥，再瞅削你！""我看到自己"要求你做到有自己独立的思考、判断和行动。这听起来似乎很容易，要做到却很难。很多人常常只看到自己的身份和代表的派别，特别容易被煽动，今天抵制这个，明天抗议那个，甚至没有想过要去仔细了解一下事情的真相。

我们都知道法国大文豪雨果先生，在英法联军火烧圆明园时，雨果的一个朋友在联军效力。这家伙抢了很多东西，就给雨果写信嘚瑟："你没来可亏大了，我们这次可发啦，好多好东西，遍地黄金啊，很多东西拿不回来我们都扔了，回头我送你两件！"你猜雨果怎么说？他回复：

01 思维模式之一：
我看到自己

02 思维模式之二：
我看到你

03 思维模式之三：
我找到你

04 思维模式之四：
我和你协同

"我为你们感到羞耻,这是法兰西历史上最黑暗的一夜,你们欺辱了一个伟大的民族!如果可以的话,我希望你们立刻把东西放回去,然后向人家道歉,因为这是强盗行径!"这就叫独立人格、独立判断,他没有因为自己是一个法国人,就盲目地以爱国的名义袒护国家的强盗行为。现实生活里,有多少人因为我们是哥们儿、朋友、老乡、同学、同事而放弃了原则,看到的只是这样一个渺小的标签。

所以,"我看到自己"最重要的是提醒自己一件事:**无论何时、何地,身处何种状况,你作为一个人,永远都拥有选择的权利**。有人常说"我是被逼的",《甄嬛传》里的华妃就经常说:"不是我要伤害你,是你这个贱人太矫情。"要知道,世界上有一种病叫无良症,患此病的人做任何坏事,都不认为是自己的错。他伤害了别人也无所谓,甚至还会委屈,而我们正常人会觉得内疚。有个家伙骚扰他的女员工,那个女孩反抗,他竟然把人家的胳膊给掰折了。警察审讯他时,他竟然说:"她干吗要反抗?不反抗不就没事了吗?"这就是典型的无良小人。当年柏林墙倒塌,东德有士兵开枪打死了不少翻墙的东德人。后来法官审判他们时,问他们为什么开枪。他们说"那是上司的命令",法官说了一句经典的话:**"命令你开枪,但你有可以选择将枪口抬高一公分的权利。"**

为什么有的人无法达成第 3 选择呢?如果他总想着"我要是不赢就丢人了""今天非整他不可",他压根儿就不会想创造第 3 选择。他是觉得自己被伤害了,还是太过在乎别人的看法?所以,要想拥有独立选择的权利,就需要向前一步,拥有一个独立完整的自尊体系。对于高自尊的人来说,尊严感来自你的内心。你知道自己是个好人,知道自己几斤几两,知道自己该做什么,就算他瞧不起你,也丝毫影响不到你。那种瞅一眼就打架的,他的自尊体系很低,外强中干,貌似强大,实则懦弱。因为只有懦弱的人才会追求公平、追求面子、追求报复,他得寻找心理平衡。

找到自己很难。你需要经常提醒自己,此刻的选择是我自己做出的,还是我的情绪、面子、身份标签做出的?你有了强大的独立自尊体系后,就很难被别人激怒了。家长对孩子尤其要保持平和,孩子成人之前,大脑发育并不成熟,他们还不能很好地控制自己的情绪。所以,当孩子激怒你的时候,不要想着追求公平,也不要总想着体现家长的权威,让孩子赢一把又有何妨?你事后与他心平气和地分析问题,找到解决办法,不是更好吗?

思维模式之二:我看到你

这个思维模式很简单,就是把人视为人,而非东西。这听起来有点像骂人,但有时候我们在与他人打交道之前,习惯性地给对方贴标签:那是个富二代,那是个花花公子,那人很粗鲁,那人是个奸商,那人很官僚……很多时候你与他人有矛盾,是因为你根本不愿意面对他解决问题,你觉得在那个标签之下,没什么好谈的。当怀有偏见和执念时,你永远不会想和他去探索第3选择。

有一部反战题材的电影《荒漠求生》:英、德两个敌对国的两架飞机在互相击中对方后,同时坠毁于挪威的荒野,飞行员们跳伞成功后发现这地方只有一个屋子。屋外大雪纷飞，敌对国的飞行员们都挤在一起，斗得你死我活的一群人从最开始充满敌意、警惕，到后来在对彼此的需要中，竟然成了生死之交。人性是共通的，即便这个人有无良症，也可能在学习佛法之后，放下屠刀、立地成佛。

当我们不再简单地给对方贴个标签，不再敌视对方时，我们才愿意并且能够找到解决问题的办法。

思维模式之三：我找到你

你想要和对方协商，可对方想的却是打败你，或者他充满戒心，浑身是刺，这时还怎么进行第3选择？答案就是"我找到你"，让对方缓和情绪，变成一个正常的人。

当你与别人见解不同时，最好的方法是邀请别人与你沟通。"我找到你"需要极强的倾听能力，在双方情绪激动时，需要学会同理性倾听，而不是急于反驳和争辩。

让一个人情绪水平降低最好的方法，就是说出他的心事。当小孩哇哇大哭时，如果父母说："别哭了，哭什么哭，至于吗？这么点小事！"或者："想哭你就哭吧，哭够了你就不哭了。"这样效果好吗？他肯定哭得更厉害，前者让他感觉委屈，后者让他觉得你一点都不关心他，正确的方法是："我知道你很难过。"你这么一说，他立刻就点头了，他的情绪水平就会下降，也就不再哭闹了。小孩如此，大人也是一样的。

"我找到你"这一步异常重要，它能帮助你控制对方的情绪，减少

对方的防卫心理，帮助对方缓和情绪。

思维模式之四：我和你协同

"我和你协同"是指，你需要邀请对方参与其中，找到一个有效的解决方案，而不是陷入相互攻击的循环。

头脑风暴是这一步经常使用的方法。一说到头脑风暴，大家马上想到的是思想碰撞、敞开来提意见，这很好。但头脑风暴最重要的原则却经常被人忽略，请记住是"不批评、不评论"。有老板说："头脑风暴没什么用啊，只出了几个主意，还都是我想得到的。"这是因为刚有人提了一个主意，老板就评论"你认真点"，此话一出，大家都认真了，不说了。

我有一次给银行的客户培训领导力，做了一次头脑风暴的示范，主题是如何提高银行门店客户的满意度。大家写了很多主意，有一个支行行长提了一个——让不满意的客户别来，实在是昏招！大行长一听，脸唰的一下就变了，眼看就要发飙，我赶紧抢着说："不错，非常好，还有吗？"这样堵住他的嘴，然后继续，因为连这个听起来三观不正的观点都能容忍，所以更多主意就出来了。最后让大家解释他们每人的提议，轮到出昏招的那位支行行长时，他说："我们行的客户满意度低，是因为成天有不少人在这儿排队交电话费、水电费、煤气费，这些业务根本不挣钱。我们银行的最初定位是高端银行，我们的主要业务是服务高端客户，所以我建议我们多开 VIP 柜台，这样一部分交水电费的人就会自动去隔壁银行了。"大行长一听很满意，表态支持。很多建议一开始听起来匪夷所思，但可能正是个好主意。组织者一定要秉承"不批评"的原则，这样头脑风暴才能孕育出好点子。

创造协同的步骤

当你拥有"第3选择"的思维模式后，接下来就该"将大象关到冰箱里"了。

创造协同有四个步骤：询问、界定、创造、达成。

第一步，询问

询问对方是否愿意一同寻找一个更好的解决方案，这是一个革命性的问题，可以让对方减少防御，与你一同探索、实验。比如，夫妻俩老吵架，今天又要开始吵架了，这时你就应该说："你愿意寻找一种更好的解决方案，让咱俩变得更和谐吗？"除非对方是成心的，否则他怎么可能说"不"。

第二步，界定

双方讨论什么叫"更好"。丈夫说："我认为更好就是你最起码不能看我的手机。"妻子说："我认为更好是你不能和别的女人随便交往。"分别说出对各自更好的条件，界定就很清楚了。而如果界定不好，两个人进行头脑风暴的方向就会不一样。

第三步，创造

利用头脑风暴，双方共同努力去探索和创造一个可以达成界定条件的第3选择。比如："当我们想吵架时，任何一人出示我们的结婚戒指，我们就闭嘴5分钟。"这是一个很好的方案，当你冷静5分钟后，想想吵架的原因，你会觉得这太不值当了，好幼稚啊。

第四步，达成

描述你们达成的第3选择，激励士气，并制定将其付诸实践的方案。一对习惯了吵架的夫妇可能刚开始并不能做到"看戒止口"，那么可以附带一些措施，比如谁违反规定谁就做一个礼拜的家务，或者洗一个月的碗。

1 询问：让对方减少防御，与你一同探索、实验

2 界定：双方讨论什么叫"更好"

3 创造：双方共同努力去探索和创造一个可以达成界定条件的第3选择

4 达成：描述达成的第3选择，制定将其付诸实践的方案

无处不在的"第 3 选择"

我们讲了一通第 3 选择的方法和思路,但远不如案例来得直观。下面选几则案例以飨读者。

职场中的第 3 选择:员工加薪

一位女上司正在办公室办公,突然冲进来一位年轻的男员工,大声冲她嚷道:"你得给我涨工资,不涨的话我就走人,我实在受不了这种穷日子了!"这时该怎么办呢?按照原始的选择,要么"打"——拒绝,要么"逃"——同意,但这两个方案都不是合理的选择。

这位员工怒气冲冲跑来,他的情绪水平肯定非常高,就是鼓足了勇气跑来跟你对着干的。怎么样才能让对方情绪缓和?就是"我看到你"。女上司说:"我知道你现在生活压力很大,我也很高兴你能向我敞开心扉谈这件事。我知道你是鼓足了勇气才走进这间办公室的。"这些话都是在反映对方的情感,当话语抚慰到对方的脆弱之处时,他的心立刻就柔软起来。女上司接下来鼓励对方多谈谈自己的家庭情况、工作情况,谈谈如何推动客户开发,帮助员工对他的客户进行深入的分析,最后决定给这位员工委派更多的客户,并在责任对等的情况下给他加了薪。

这是一个非常圆满的第 3 选择:员工感受到领导对自己的尊重,看到了工作的希望,并且最终也提高了收入;上司妥善地解决了问题,避免了员工流失；公司也并未因给员工加薪而遭受损失，因为这位员工将会带来更多的客户。这个问题的解决来自领导的第3选择思维：她把员工当作普通人，而不是对手；她愿意倾听，员工才愿意协同；双方经过良好的沟通找到了一个最佳的解决方案。

做老板的不要害怕员工跑来要求加薪，而应最害怕员工说："我无所谓。""我月薪2500元挺好，打打杂我特高兴，你让我多干活我还不干了，我们家富，我可不在乎钱。"当他是这种态度时，你就很难激励他；而当他来和你谈薪水时，你就找到激励的源头了。

很多老板一听员工提要求就忍不住发火，控制愤怒是一件非常难的事。我很少发怒，但有一次在乘火车出差时，我被人激怒了。火车站安检时，我手里拿了一瓶水，负责检查的小姑娘让我喝一口。喝就喝呗，我动作比较慢，正准备拿过来喝，小姑娘已经很不耐烦地伸手敲我的水瓶："喝这个，喝这个！"那口气好像把我当傻子一样。我当时腾的一下就火了，严厉地瞪了她一眼，她有点怵，以为我要发飙。我想想算了，喝了一口就走了。

当我登上扶梯时，突然意识到"我刚才是怎么了"，这是我的骄傲在作祟，也是人们平常发怒的原因，叫"我执增强"，觉得自己不应该被这样对待。那一刻我突然意识到自己的修炼好差，我竟然觉得自己与众不同。意念闪烁间，我乘的扶梯已经缓缓上行，我回望那个女孩，希望把慈悲的心情回给她。其实她多不容易啊，她之所以那么不耐烦地敲我的瓶子，没准就是因为被她简单重复的工作给逼的。

生活中的痛苦大都来自你认为自己不应该承受的痛苦，这是《正念的奇迹》的核心观点。很多人在别人面临痛苦时，能好言规劝："不要紧，走过去了前面就是一片天。"但轮到自己，那片天就塌了。为什么一个小小的痛苦到了自己身上就不行了呢？因为你觉得自己和别人不一样，当你的自我开始膨胀时，痛苦就随之而来。

校园中的第 3 选择：治理一所混乱的学校

　　华盛顿特区的一所贫民区学校格兰杰中学迎来了新校长理查德·埃斯帕扎，他下决心要治理好这所混乱的学校。他的第一步是清除校园墙上的涂鸦，画了就清理，坚持了 2 年，那些涂鸦的人终于斗不过校长的执拗。校园恢复了清洁，校园秩序就大为好转。

　　为什么第一步先要拿涂鸦开刀呢？这与著名的纽约市长布隆伯格所做的异曲同工。市长上任后做的第一件事就是把纽约地铁里的涂鸦全部涂成白色，艺术家哪儿干啊！你涂成白色了，我就继续喷。市长坚持喷了就涂，结果几个来回后，那些艺术家终于搞不动了。从此，纽约的犯罪率大幅下降，其间有什么玄机呢？

　　这个原理在社会学中叫作破窗效应。当很多车停在一起，要是有一个车的窗子破了，那些车很快就完蛋了；一条街上，要是有一家的窗户烂了没人管，这条街上的治安就会开始变坏；如果一个地方的环境变得混乱不堪，此处就会成为犯罪分子的温床和巢穴。

　　任何一个学校的成功都离不开家长的支持。格兰杰中学的家长会只有 10% 的家长出席，校长于是要求老师家访。这是一个大难题，美国黑人贫民窟枪支泛滥，经常会有枪击事件发生，特别是那些十二三岁的小孩，胡乱开枪还不用承担责任。所以很多老师反对："不去，太危险了！"校长怎么办？他给这些不做家访的老师写推荐信："你很优秀，但你和我们的价值观不一样。"实际上就是把他们开掉了。这其实也是第3选择，双方志不同则道不合，可以选择更符合自己价值观的学校或老师。在他的坚持下，家长会的出席率达到了100%。他还推行了导师制，将学生分成20人一组，每组由一位老师负责，如果老师不愿意，那好，我还给你写推荐信。

经过不懈的努力，最终格兰杰中学成了远近闻名的好学校。很多周边社区的家长，特别是那些低收入和低教育水平的家长都想尽办法让孩子到这所学校就读，而且该学校让周边社区的犯罪率直线下降，他们都因格兰杰中学而感到自豪。

埃斯帕扎校长是第3选择的典型代表，他本可以坐在办公室，指责社会、家长、教师，埋怨政府的教育经费不足，但他没有。他选择了对每个孩子一视同仁，建立了真正成功的愿景，给无望的家庭带来了希望。他让90%的格兰杰学生考上了大学或职业学校，彻底改变了这些孩子和他们的家庭。

社会中的第3选择：重建时代广场

第3选择对法律也很重要，柯维认为这个世界上大量的钱被律师给挣走了，无论官司输赢，律师都是挣钱的一方，而事实上很多官司都可以不打。运用第 3 选择，就能够解决很多诉讼问题，包括重建纽约时代广场。

纽约时代广场一度是纽约的心脏，但到 20 世纪 70 年代，许多高雅的剧院关闭，色情、酗酒、吸毒、乞讨、恶棍充斥其间，已然成了美国最差的街区。美国政府决定重建时代广场，但困难重重，不同利益方有不同的诉求，重建计划举步维艰。这时有两位关键人物站了出来，一位是社会活动家赫伯·斯特茨，他是纽约代理市长；另一位是他聘请的城市规划师丽贝卡·罗伯逊。

他们把利益各方都请过来，首先明确各方的底线，让市民、环保主义者、商业公司、旅游机构、艺术家把他们的底线列出来，然后询问："能减少吗？"在减少的基础上，他们将其浓缩成几条主要方案，问大家能否接受，在大家表示赞同后，将这几条方案交给设计公司进行头脑风暴。最终，时代广场焕然一新，商场、剧院云集，绚烂的霓虹灯、大屏幕和街头艺人，足以吸引每个人的眼球。如今，它成为美国最吸引游客的景点之一。

我们在面临问题的时候，往往缺少系统思考，通常总想先搞定最难的，答应了这家一大堆条件，结果另一家又提出一堆新条件。两家相互冲突，结果在多方之间不断协调，做了很多无用功，最后哪方也没能满足。

结　语

　　柯维认为，每个人都应过"第3选择"的人生，既可以做出贡献，同时还能享受人生。工作和享受人生不是泾渭分明的，但我们总希望把它们割裂开，比如"40岁前实现财务自由，然后开始享受人生""开启度假模式，工作上的事不要来烦我"，这都是"非打即逃"的选择。第3选择告诉我们要找到工作的意义和价值，工作时享受工作，闲暇时享受闲暇。我在写作时，静心享受与大家文字交流的感觉；我在出差时，也会享受躺在酒店舒适的床上看一段电视的时光，而不会焦虑是不是在浪费时间。

　　柯维建议，每个人都得有人生的愿景和使命。如果你能给自己找到人生永久的使命，你就可以长久地获得高峰体验，因为你在选择奋斗的同时也选择了享受。

相信每一个人

身上所具备的潜能，

它一旦被激发，

就能创造无限的可能。

PART 4

打造一支
高效团队

09

一定要避开履新陷阱

美国总统有 100 天来证明自己，而你只有 90 天。
——《创始人》

推荐阅读：《创始人》

荐　语

我们在职业生涯中，经常会遇到工作岗位的变换，可能是换工作、职位晋升，也有可能是调到其他部门。这样的履新几乎人人都会体验，如果用 18 年的工作时间来做个统计，我们平均每人会遇到 4.1 次晋升、1.8 次部门转换、3.5 次跳槽到新公司，以及 1.9 次调换到新的业务单位和 2.2 次更换工作地点。把所有这些变化加在一起，每个人 18 年的职业生涯当中，平均会有 13.5 次变化，差不多每年都会经历一次改变。这么频繁的经历变化是否会让人觉得不适应呢？答案是肯定的。

有一本影响全世界管理者角色转变的圣经《创始人：新管理者如何度过第一个 90 天》，为所有履新者提供了非常详尽的指南。虽然其中文名为《创始人》，但它并不是一本创业书，它的英文名字叫作 The First 90 Days。这本书的作者认为，履新的不适应是无法避免的。无论是国内的大企业，如阿里巴巴、海尔集团，还是国外的大公司，如 IBM，哪怕是所谓的"空降兵"也都存在这样的问题。问题的关键在于如何缩短履新的适应期，也就是缩短履新的损益平衡点，即一个新人加入一个新岗位时，使消耗的价值和创造的新价值两者平衡的那个点。大量的统计数据显示，这个平均的损益平衡点发生在入职后的6.2个月。如果方法得当，完全有可能将这个时间缩短。《创始人》就是告诉我们怎样快速适应一个新的工作岗位并做出业绩的一本书。

履新，当心这些问题害了你

如果方法得当，步入新岗位的损益平衡点可能会从 6.2 个月缩短到 3 个月，甚至是 1 个月。当然，如果运用不佳，我们也可能迈入履新的陷阱。那么，常见的陷阱有哪些呢？

第一，固守一技之长

你用某种方法在之前的岗位上获得了成功，会自然而然地把它运用到新岗位中，这会带来大量的问题。就像大家都熟悉的一句话：如果你是一个锤子，你看谁都会是一个钉子，见到谁都会想要去敲。**固守一技之长是履新失败的一个重要原因。**

第二，"必须行动"的思维

来到新岗位或接手新工作，必须得干点什么让它变得不一样，不然自己的价值何在！事实并非如此。中国有个成语叫"萧规曹随"，讲的是萧何死前将自己的位子传给了曹参。曹参作为新丞相，上任后什么都不干，有人就向汉惠帝刘盈告状。刘盈把曹参找来质问："作为丞相怎么能什么都不干呢？"曹参反问道："您觉得我的水平有萧何高吗？"

刘盈说："还是差点。"曹参继续问："那陛下觉得您的水平比高祖如何？"刘盈说："肯定不如高祖。"于是曹参解释道："既然如此，他们定下的规矩，我们只要照着执行就可以了。"至于我们也是一样的，**接手新工作时，不要轻易做出重大改变。**

第三，设立不现实的期望

如果还没有搞清楚状况就设立目标，很可能与现实脱节，整个团队都会陷入混乱和恐慌。

第四，试图做得太多

很多人有"救世主"的心态，这件事不对，我要管一管，那件事不合理，我要改一改，设定的方向太多，结果导致公司乱成一锅粥。这就像闯进瓷器店的大象，把瓷器全都打碎了。

第五，带着预设答案履新

还没有开始真正做事就有了预设的答案，想当然地指手画脚，这是一件非常危险的事情。

一	二	三
固守一技之长	"必须行动"的思维	设立不现实的期望

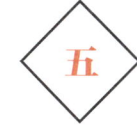

四	五	六	七
试图做得太多	带着预设答案履新	精力投入有误	忽视横向关系

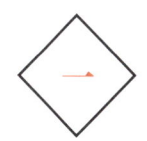

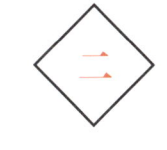

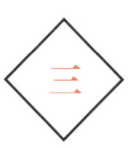

第六，精力投入有误

许多人都把自己定义为解决问题的专家，所以来到新岗位，学习得最多的竟是专业技术。自己成为专业人士后，只顾埋头干活，根本不去管团队的氛围，不去管团队的关系，也不去管团队内同事的离职率。个人主义的气息太过浓烈，就忽略了团队的强大力量。

第七，忽视横向关系

一般而言，我们很重视纵向关系，我们重视领导、重视下属，但平行关系往往被忽略，部门之间、平行团队之间就可能配合不到位。

一旦不小心落入了以上陷阱，就容易陷入恶性循环：还不了解情况，就开始瞎指挥，团队成员因为排斥、抗拒，所以士气低落，进而影响业绩，业绩难看又导致大家质疑你的能力，然后你就会更加拼命地指挥，进而导致大家更讨厌你。

有没有可能将上述恶性循环变成良性循环呢？如果你加入之后，首先注意跟团队成员保持良好的关系，详细了解各种状况，在一个关键点上发力，做出业绩，自然会得到大家的认可，之后再做事就会更加顺手。再获得下一个成功也会更加顺利，自然而然就步入了良性循环。

在《创始人》的封面上，有这样一句话："美国总统有100天来证明自己，而你只有90天。"履新最初的90天，很大程度上决定了我们之后的成败。那么，履新之初，我们需要做哪些工作呢？

第一步，做好心理建设，不打无准备之仗

首先，需要建立一个明确的分界点。比如，可以举办一个小小的仪式，把亲朋好友都请来，让大家一起见证"与旧生活说再见，与新生活说你好"的瞬间，这样可以给自己一个心理上的建设。

其次，评估自己的弱点，找到自己的问题倾向。

问题可以分为三类：技术性问题、政治性问题和文化性问题。技术性问题包括财务风险管理、产品定位、产品或服务质量、项目管理系统等；政治性问题包括员工士气，与客户的关系，与分销商和供应商的关系，与研发、营销、运营部门的关系等；文化性问题包括公平、成本意识、客户关注点、持续改进、跨部门合作的问题等。评估后你会发现自己对一些问题有明显的倾向。比如，你可能是一个非常关注技术的人，或者你可能是一个不太关注技术、只关注文化的人。通过这样的评估，你会很好地知道自己的盲点，也就有可能找到办法来弥补弱点。

还需要注意的是，一定要当心你的优势。你的优势很可能成为你在新工作中最大的阻力，所以需要时刻提醒自己，不要沉迷于优势，要关注更加全面的文化、政治和技术问题。

你需要始终保持学习的心态，重新建立新的工作网络，格外警惕"拖后腿"的人。我刚到中央电视台工作的时候，就有人跟我说："你在这儿干根本没希望，还是另谋高就吧。"这就是拖后腿的人，其中可能包括你的朋友、亲戚、家人、同事。他们会努力把你往回拉，这种惯性力

技术性问题　　政治性问题　　文化性问题

量会阻止你去探索和适应新的环境，会以曾经舒适区的工作来诱惑你，使你回到原来的状态。在警惕这些人的同时，你还需要请支持你的人给出好的建议，从他们身上获取能量和帮助。

第二步，加速学习：欲善其事，先利其器

克里斯是一位软件工程师，他加入一家新的软件公司，任务是质量改进。刚开始他就急着着手改进工作，总是指责团队成员做事方法不对，结果导致离职率上升，团队效率也开始下降。他只好拼命工作，越干越痛苦，但是团队成员却越来越讨厌他。一不小心，他就掉进了我们所说的恶性循环。

直到有一天，老板把他叫过去谈话："我请你来，是让你改进质量的，不是让你把一切都搞砸的。你整天指责他们，你有没有想过，他们之前只用了一点点的预算，就做到了今天的样子？你知不知道他们为实现这件事付出了怎样的努力，我们的产品在市场上的优势是什么？这些你都研究过吗？"克里斯惊呆了，他发现自己之前做的所有研究都是以自我为中心的。他用自己的优点去挑战整个团队的缺点，而从来都没有问过一个根本性的问题——这个团队是如何走到今天这一步的。

一切存在都有其合理性。一家公司能够走到今天，即使捉襟见肘，也能持续不断地生产产品，原因是什么？它为什么还能够生存下去？把

这些问题都搞清楚，这本身就是一个学习的过程。很多人到了新岗位不知道该怎么学习，就像一个人对着消防水管喝水，水龙头打开，大量的水流入，你会忽然发现自己不知道应该从哪里下嘴，导致大量的水白白流走。面对大量信息扑面而来，我们必须把学习视为一种投资。唯有经过了熟悉和学习，才能创造出更大的价值，而不是损害公司的利益。

步入新岗位时，有很多人都急于做事，这是非常错误的做法。你应该去和老板争取一段时间来了解和学习，这其实就是工作中投资的一部分。

有三类问题一定要搞清楚：关于过去的问题、关于现在的问题、关于未来的问题。

第一类问题是关于过去的问题。例如，关于过去的业绩：这个组织过去的业绩怎么样？组织里的人如何看待他的业绩？我们的目标是怎么设定的？这些目标是不够，还是过于野心勃勃？是否使用了内部或者外部的参考基准？采取过哪些措施？哪些行为是我们鼓励或者阻止的？如果没有达到目标会发生什么？还有关于过去的原因：为什么会出现这样的状况？曾经采取过哪些方式试图改变？效果怎么样？哪些人对于塑造这个组织非常重要？这些都是关于过去的问题，首先要搞清楚这家公司的历史，弄明白这家公司是怎么走到今天这一步的。

第二类问题是关于现在的问题，也就是公司的现状。例如，目前公司的愿景和战略是什么？公司目前的流程是什么样子的？都有哪些人在工作？哪些人能力强，哪些人能力弱？每个人的态度是什么样的？公司现在潜伏着哪些可能的危险？哪些领域是我们能够产生突破的？

第三类问题是关于未来的问题。在未来的一年当中，还有哪些有发展前途的机遇没有被利用？公司需要获得哪些资源才能够有效利用这些机遇？

这三类问题能够帮助你更清晰地了解公司，**可以从两个角度来获取相关的信息和答案：内部和外部。**内部信息来自研发运营人员、销售、采购等，以及外向型员工和资深员工。你可以单独约谈他们，或者观察他们的工作状况，甚至在私底下和他们一起吃饭，建立感情。还有就是从外部获取信息，包括客户、供应商、分销商和外部的分析师。对于来自外部的信息，可以使用结构化的学习方法，设计每个人的问题，然后对这些答案进行对比。不同于闲聊，一旦对问题有所设计，就说明问题针对的方向和目标都是很明确的，这时候就更有利于发现其中的矛盾所在。

第三步，根据实际情况调整策略

步入新岗位时，首先要付出时间来学习，这基本上要花费大半个月的时间，之后需要根据实际情况调整策略。**公司里往往存在两种角色——英雄和管家。**具体来说，"萧规曹随"的人就是管家的角色，而通用电气的杰克·韦尔奇、IBM 的郭士纳就属于英雄，他们来到公司之后进行了大刀阔斧的改革。究竟应该扮演管家还是英雄呢？STARS 模型可以帮助我们判断。

进行任何一次调整变化的时候，都会有五种情景：

1. 初创启动（start-up）：在初创启动时，显然你是要做英雄的，因为无家可管，你要去设定规矩，建立流程。

2. 整顿转向（turnaround）：这时你会发现公司存在很大的问题，需要把它调整过来，所以整顿转向的时候，你需要先做管家，再尝试着做英雄。

3. 加速增长（accelerated growth）：此阶段，你更多时候是管家的角色，同时还需要一点点英雄的角色。

4. 重新组合（realignment）：这时已经需要动大手术了，那么英雄角色就会多一些。

5. 保持成功（sustaining success）：目前已经很好了，你来的目的是把它管得更好，此时会偏向于管家的角色。

究竟是做管家还是做英雄，不是一成不变的，面对每一个决策，都可以使用 STARS 模型来判断当时的状况，进而判断自己应该扮演的角色。

无论是做英雄还是管家，一定要做好两件事：调动大家对于变化的决心，奖励成功的行为。如果能够调动大家改变的决心，促进改变就会相对容易。

同时，如果能对预期方向的小变化加以奖励，转变的过程就会更加顺利。当然，这个奖励不仅仅是金钱上的，而且要让人感受到你对他的喜爱与感激。

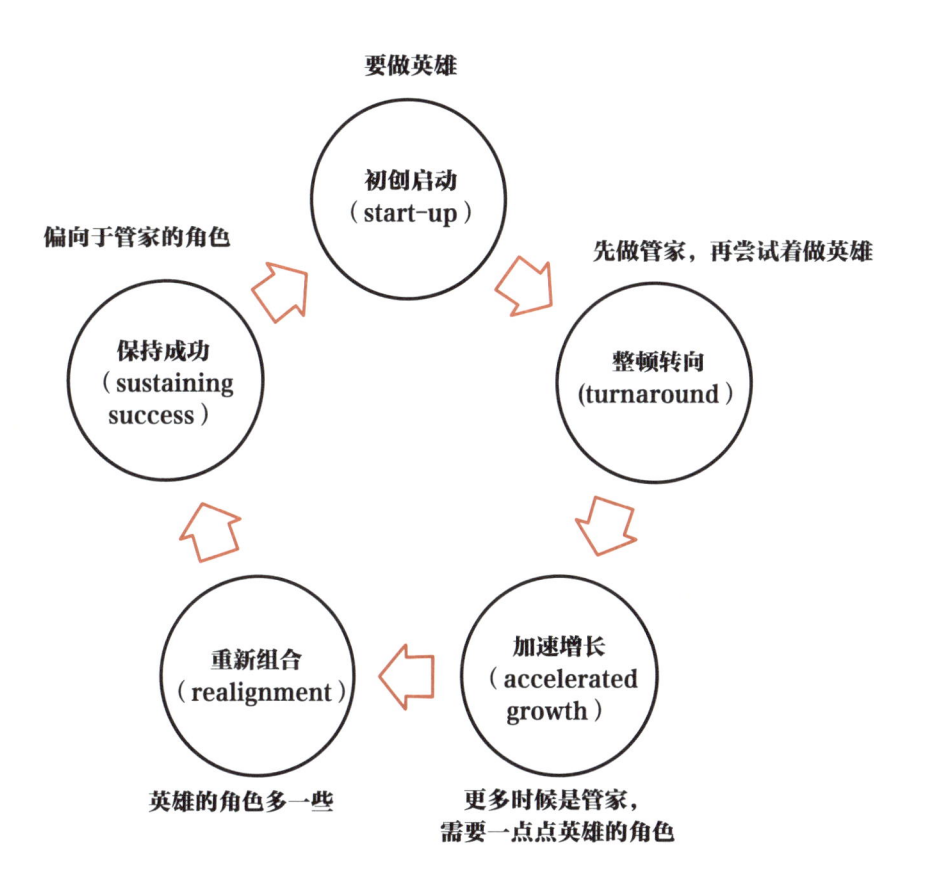

```
                          要做英雄
                    ┌─────────────┐
                    │   初创启动    │
                    │  (start-up) │
                    └─────────────┘
    偏向于管家的角色                      先做管家，再尝试着做英雄
  ┌─────────────┐                    ┌─────────────┐
  │   保持成功    │                    │   整顿转向    │
  │ (sustaining │                    │ (turnaround)│
  │  success)   │                    └─────────────┘
  └─────────────┘
  ┌─────────────┐                    ┌─────────────┐
  │   重新组合    │ ←─────────────     │   加速增长    │
  │ (realignment)│                   │ (accelerated│
  └─────────────┘                    │   growth)   │
                                     └─────────────┘
       英雄的角色多一些              更多时候是管家，
                                   需要一点点英雄的角色
```

第四步，主动与上司沟通

我在中央电视台主持一个节目的时候，有很多人都跑来跟我说："你要小心咯，那个制片人可不好相处，骂起人来很凶的……"我没有给别人事先下定义的习惯，我想如果我带着成见去与他相处，可能会更糟。想想自己"脸皮厚"，不怕骂，于是很自然地与他接触，结果他从来没有骂过我。他骂过很多人，唯独我是个例外，他最后甚至认为我是他见过的心理最健康的人。所以，有时候不要被别人的警告吓倒，懂得与人沟通，你会发现其实有些人也没有那么可怕。

与上司沟通的几点忌讳

和上司沟通要注意几个问题：

第一，不要离上司太远。有人认为我把事情做好就可以了，老找上司沟通，那不成马屁精了吗？其实，真正危险的事情是老板不知道你在干什么，这样你就很有可能被边缘化。

第二，不要让坏消息吓到上司。三星曾经就有这样的先例，某天，老板突然被告知，一个重点产品因为出了问题，全世界都不让卖了。听到这样的晴天霹雳，不被吓到才怪。这个晴天霹雳其实早有端倪，之前出现很多小问题，没人敢向上司汇报，结果一汇报就是一个天雷。并不是说不能有坏消息，而是不要让上司成为那个最后知道坏消息的人。你可以经常性地跟上司通报，说一说最近可能会有什么样的问题，你们正在如何解决。不要老把上司堵在办公室里边，让他信息闭塞。

第三，不能只带着问题与上司沟通。如果总是汇报问题，而没有解决方案，长此以往，你也会变成问题的一部分。要知道，上司很忙，没有精力帮你解决所有的问题，尽量让他做选择题，而不是问答题。

第四，不要汇报流水账。汇报问题要条理清晰、言简意赅，比如每次汇报不要超过三件事，《金字塔原理》和《结构性思维》这两本书可以帮助你整理思路。

第五，不要期望上司改变。孔子云："君子求诸己，小人求诸人。"要学会自己找解决方法，而不是一味地抱怨上司不改变。上司真的不会改变吗？肯定会，但是你不要对此抱太大期望。

沟通中必做之事

避开了沟通的陷阱，我们还需要做些什么呢？

第一，提早并经常地明确期望。这指的是你需要与上司统一目标，并且让他知道，你在履新的 90 天内会达成什么目标。

第二，承担 100% 建设关系的责任。这是我特别喜欢的一个观点：你在与上司沟通的时候，一定要为建立你们的关系承担 100% 的责任。不要指望上司主动来跟你搞好关系，因为他没有这个义务，而你有义务跟他搞好关系。当你们的关系变得更融洽时，往往他就会主动来找你了，你会突然发现他已经把你当成朋友了。

第三，向上司要一个时间期限。 不要让上司觉得你一来立刻就要发生天翻地覆的变化，那样也会陷入非做不可的陷阱。你需要让他了解你的工作节奏。比如，需要拿出一个月的时间去学习，了解所有发生的事情。

第四，在上司看中的领域获得成功。 这句话听起来好像是"心灵鸡汤"或者"厚黑学"，其实不然，在上司看中的领域获得成功是非常重要的一件事。有时候你可能都不理解为什么上司特别看重一件事，因为所处的职位不同，上司与你的视角和信息量是不一样的。他看中的事情一定是重要的，因此你努力在这件事上实现成功，既有助于公司的发展，也有助于你和上司之间搞好关系。在公司，要警惕变成"愤青"或"文青"，觉得我不需要讨好上司，其实这是一种与上司的合作，你要让上司知道，你对他的关注是非常重视的，这会有助于你下一步的进展。

第五，获得对上司有影响力的人的好评。 你要考虑一下你的上司会从哪些地方获得信息，他们会重视哪些人的话。如果能够获得他们的好评，你会和上司配合得更好。

千万不要把这些看作职场"厚黑学"，这是最基本的对上司的尊重，也是能够让你和上司关系更近的有效方法。

与上司进行五轮对话

我们可以通过五轮对话的方式达到上面的目标。首先，就情境的诊断进行一轮对话，就是对目前公司的现状和自己的任务，与上司达成一致；其次，就期望进行一轮对话，就是统一双方的期望，把目标设定得更清晰；再次，就资源进行一轮对话，了解你所能调动的资源、拥有的权力以及上司可给予的支持；然后，就领导风格进行一轮对话，比如上司希望多长时间向他汇报一次，以什么样的方式汇报；最后，就个人发展进行一轮对话，比如，上司希望你能达成的目标、上司期待的发展方向，以及对个人发展方向的建议。与上司的五轮对话非常必要，不可忽略。

第五步，保障早期成功

经过以上四步，你是否觉得这份工作已经做得比较扎实了？但还没有结束，接下来的动作至关重要，就是在你履新的 60 ~ 70 天时，需要取得一定的成绩，《创始人》中称之为"早期成功"。俗话说"新官上任三把火"，你不需要烧三把火，找到一件事情去突破，烧一把大火就够了。这把明火要烧在什么地方呢？首先与领导关注的方向一致，其次要符合两个要求：一是要在短期内带来良好的势头，让大家觉得这把火烧得真旺；二是抓住可以改变的机会，调动一切资源实现目标，在此过程中展示自己的领导风格，明确你支持的行为和反对的行为，树立威信。

最后要提醒的是，**一定要以恰当的方式取得成功**。很多人急于获得成功，使用了不道德的手段或者透支了信誉，这是非常危险的。在电影《寒战》中，郭富城与梁家辉分别饰演了两个不同风格、不同背景的警务处副处长，处长位置空缺，两人明争暗斗。郭富城饰演的年轻副处长刚刚上任，急需树立自己的威信。他在关键时刻没有投机取巧或者落井下石，始终坚持把事情做好，最后在寻找失踪的巡逻车上实现了突破，才真正让人信服。

第六步，保持内部的一致性

保持内部的一致性，就是建立一个架构，把合适的人放在合适的位置上，让大家的劲儿朝一处使。一致性也是杰克·韦尔奇在《商业的本质》中特别强调的事。他认为，辞退员工、发奖金这种关键时期，是建立一致性最好的机会。你需要告诉大家，公司之所以辞退某个人，是因为他的行为与我们所鼓励的方向不一致，而公司奖励某个人，是因为他的行为是我们所鼓励的。

企业家、管理者一定要不断地诊断自己的组织，合理地调整人员位置，把每个人都用得恰到好处。如果你发现大家总是在做错误的事情，还不以为然，那么组织一定有结构设计得不合理的地方，导致员工缺乏动力或被掣肘，这些地方必须动大手术。手术该如何动？从企业的战略目标着手，审视现有的结构、流程、人员能力是否合理，如果调整战略方向，就需要根据新的方向重新搭建组织架构、流程，设计新的闭环，这是奠定未来发展的基础。这个变动会动很多人的"奶酪"，也会逼迫一部分人走出舒适区，但这一步至关重要。

第七步，打造你的高效团队

最后，你就可以打造属于自己的高效团队了。早期糟糕的人事选择会在后期一直困扰你，因此你需要找到与你同路之人。你可以从六个维度做人事评估，分别是能力、判断力、能量（为工作注入正能量还是负能量）、专注度、关系（是否能与同事融洽相处）和信任（是否信守承诺）。从这六个维度给员工打分，然后将得分加权平均，根据得分情况对员工分类。

1. 保持位置：这个人在当前岗位表现得很好。

2. 保持并且发展：这个人可以胜任，但是需要学习。

3. 调换岗位：这个人有能力，但目前的岗位不适合他。

4. 替换（低优先级）：这个人需要被替换，但如果没有招到合适的人，可以暂缓。

5. 替换（高优先级）：这个人应尽快被替换。

6. 留待观察：这个人情况不明朗，还需要再观察一段时间。

接下来，你就可以根据分类情况推动变革，实现人员转换了，在推动变革时可以使用两种力量——推和拉。

推的力量包括目标激励。比如，设立明确的 KPI 指标，用奖金激励大家完成目标。

拉就是用愿景和文化打造出一支健康的团队。在愿景和文化的激励下，员工会自愿地去做一些事情。这就是为什么大家觉得跟着杰克·韦尔奇、郭士纳这样的人干活儿会充满动力，因为他们有着很强的拉动作用。

优秀的公司并非所有人一同前行，同道者留下，阻碍者离开，就像《联盟》所述，好的公司像一个球队，而非一个家，球队的任何一员，目标都应该是赢球。而公司中的变化时刻都在发生，《瞬变》这本书能够帮助我们让变化来得更快些。

第八步，建立同盟和自我管理

你需要知道哪些人会帮助你，然后联络自己的同盟军，积极地获取支持。

履新最初的 90 天，相当于飞机起飞时低于 1 万英尺的航程，是飞行最关键也最危险的时候。你在带领一个团队起飞的这前 90 天中，必须对自己严格要求，建立你的支持体系。这个支持体系不仅来自家人、员工、同事，更重要的是还来自你的领导。这些人如果能够与你有充分的沟通，给你足够的支持，不断地鼓励你往前走，你就会很容易克服这一段时间的巨大压力。

完成以上的工作之后，你的主要努力就应该放在帮助团队的所有成员走上转变之路上，让他们认识到，工作本身就是练习，不断拥抱变化才能走得更远。当他们适应了新领导和新变化，团队就算基本稳定了。

结　语

当今社会，信息和互联网带来巨大冲击，不仅岗位变换的情况越来越多，连行业都会发生翻天覆地的变化。固守只能被淘汰，变革才能创造未来。上述方法值得每一个人学习，让大家在新的岗位、新的城市，甚至新的行业，镇定自若，拥抱变化。

10

不做指令型上级

教练帮助人们学习,
而不是给他们授课。
——约翰·惠特默

▌ 推荐阅读:《高绩效教练》

荐　语

　　樊登读书会的目标是帮 5 亿中国人养成阅读习惯。这个行动的导火索是我看了一本经典著作，非常想与人分享，这本书于是成为我们读书会线下活动分享的第一本书——《高绩效教练》。单从书名看，它好像是一本关于领导力的书，但是你不能把它简单地归为讲管理和领导力的书——用它来教孩子，同样有效。

　　这是一本里程碑式的著作，作者惠特默博士的经历颇有意思。他是一位爵士（欧洲君主国的一种爵位，从最高级爵位到最低级爵位的五个等级分别是：公爵、侯爵、伯爵、子爵、男爵），参加过第二次世界大战。第二次世界大战之后，他回到英国，创办了一个体育俱乐部，教大家打网球、滑雪、开赛车，等等。但是他的俱乐部里的教练分布不均，有时候网球教练不够，而滑雪教练有富余，他就会让滑雪教练去代网球课。滑雪教练推托："我不会呀，这不行，我没打过。"他鼓励这些教练："没打过也没关系，你试试看呗，反正凑合教一下，没关系的。"结果这些滑雪教练就战战兢兢地跑去教网球课。慢慢地，他发现了一个有趣的现象：一学期的授课之后，滑雪教练教出来的网球选手，居然比网球教练教出来的人打得还要好。

这就奇怪了，滑雪教练自己都不会打球，怎么教呢？就因为他不会，所以他说"来，击球"，这个选手就"砰"地击一个球。如果是网球教练，就会说："你这个动作不对，你这个腰的方向不对，你重新摆一下，这个手肘抬高一点，再来一次。"但是滑雪教练就不一样了，因为他不会呀，所以只能说："你觉得刚才自己打得怎么样？你觉得哪儿的力没发出来？"这个选手就会说："我觉得腰上的劲儿好像不太够。"滑雪教练就会顺势说："那好，你自己调整一下，你想想怎么调整，能把这个力发出来。"然后选手调整完了再打。"这次呢？这次这个球你觉得击得怎么样？""这次我觉得胳膊好像不对劲儿。""好，那你再调整一下。"你会发现，每次都是这个选手自己在思考，自己在调整，滑雪教练只负责问。结果这些滑雪教练教出来的选手水平都很高。

同样的状况发生在澳大利亚游泳队——训练出伊恩·索普的教练竟然不会游泳！有一次比赛，大家得了冠军之后很高兴，一激动，就把这个教练扔到水池子里去了，结果教练在水池里不停扑腾，喊救命。

为什么这些不会打网球、游泳的人反而能教出更好的选手呢？大家可以设想一下：如果你整天被别人盯着，被别人教育"你不应该这样，你不应该那样"，你还觉得打球有意思吗？相反，如果你打球的时候总是需要自己琢磨，这个动作应该怎么摆，自己应该怎么调整，这时候打球的责任感落在谁的身上呢？沿着这条思路，惠特默博士就发展出了一套名为GROW的模型，用一套提问的模式快速激发对方心中把事情做好的动力。

为什么给他人的建议总是收效甚微

你有没有发现这样的状况：你不断地给别人提建议，在对方听来反而变成一种谴责。比如，我老婆经常来问我："我最近开了一个小店，你可不可以给我提点建议？"既然她询问建议了，那我就放开了说："你应该做宣传、做社群，你应该多和大家沟通……"我正说着，老婆突然就生气了："有你说的那么简单吗！要是那么简单，我早就做了！你说的这些我都试过，没用！真是站着说话不腰疼！"画面是不是很熟悉？这在生活中太常见了。当你不断地告诉别人应该怎么做、为什么不去试试的时候，对方都会生气，觉得你是在指责他。

还有一种状况，就是当你给对方提建议的时候，无论你给出的是什么建议，对方都会立刻下意识地告诉你"不行"。比如，两个闺蜜聊天，一个女孩说她老公外面有人了，另一个女孩建议她离婚。这个女孩马上就会反对："那不能离呀，都有孩子了，毕竟在一起这么多年了，离了损失也挺大的。"这时另一个女孩只好说："那就睁一只眼闭一只眼，凑合过吧。"这个女孩又会反问："那你凑合一个试试！"这件事情无非就是离婚或者凑合过，但无论你给出哪一个建议，她都不能接受，为什么呢？因为人们天生有一种自我保护的意识：当别人告诉你"应该怎么做"的时候，你往往会找出很多理由来拒绝。

这一点我深有感触。每次我讲完书之后，就会围上来一大帮书友。

他们会问我："樊老师，我家孩子……""我老公……""我的生意……"
我之前不懂，还经常给人建议。结果我发现只要给出建议，对方就会以
"哎呀，这个我试过，好像效果不太好""哎呀，这个成本太高，我们
做不到"来拒绝。他觉得应该是我来帮他解决问题，而真正应该解决问
题的人是谁？永远都是他们自己。

一旦我们轻易地给对方建议，轻易地指出对方应有的做法，对方立
刻就把责任感推到我们身上。需要明白的是，一个员工跑来问你某件事
该怎么做的时候，80% 的情况是，他心里已经有了答案。他来找你就是
为了让你来替他做决定，帮他承担责任。当一个管理者告诉员工要怎么
做的时候，70% 的情况下，这个建议都是无效的。

我们给员工的建议，到最后都不了了之。即便是一个正确的建议，
人们在执行的过程中也一定会遇到困难，还得想办法解决。如果这个建
议是老板给的，那么一遇到困难，我们就会认为这是老板的问题，之后
会不断地找老板，把无穷无尽的问题都推给他。不断给员工建议，还会
让他误解为这是对他的指责，打击了他的积极性。这就是我们给他人建
议，却收效甚微的原因。

教练存在的前提：相信人的潜能

我们要学会通过提问来引导对方把事情做好，这里有一个前提，就

是要相信人的潜能。

你们的员工中一定存在这样的人：工作干得不怎么样，打麻将特别厉害，或者唱歌很棒，或者玩航模很厉害，又或者炒股很厉害。总之，就是他在工作之外，有一些事情做得特别棒。如果一个人在工作之外能够把某件事做得非常好，就说明他身上有潜力，只不过他并没有把这种潜力用在工作当中。我的经验告诉我，没有任何指标表明必须成绩好、名牌大学毕业、拥有高智商或者很强的表达能力才能成功。最核心的是他有没有创业精神，是否认为这件事是他一定要做的。

我创业的第一家公司是做 MBA 培训的，当年我们公司有一个三哥，是我们总经理的哥哥。三哥没上过大学，在农村老家工作。后来他弟弟在北京和我们一起创业，把公司做起来之后，他就来给我们帮忙，做一些零碎的工作。那一年，我们的公司已经发展得很不错了，于是决定进军上海市场，结果很不顺利，打算回北京。临行前一晚，三哥突然和我们说他不想走了，要留下来发展上海的市场。我们都觉得他连大学都没毕业，做不了 MBA 培训。他觉得自己可以，很坚定，甚至自己回家筹集资金。后来我们就把上海的区域授权给他，让他来做这件事。他回家借了 20 万，然后就在上海打拼。现在呢？他已经改头换面，把上海地区的业绩做得相当好，也算实现了自己的"上海梦"。

以前我们认为，这个人连大学都没读过，怎么可能做 MBA 培训呢？最令人不可思议的是，他现在还能自己讲课。以前的课程是请我们来讲，课酬、路费开销太大，他发现要是能自己讲就省钱了，于是反反复复地看我们讲课的录像，对照练习。有一次，三位学生前来咨询，于是他现学现卖，讲完之后两个学生当场就掏钱报名了。

我们一定要相信每一个孩子、每一个人身上所具备的潜能，它一旦被激发，就能创造无限的可能。假如你认为自己日子过得还不错，可以扪心自问，你真的是天赋很高的人吗？你真的比你的员工都聪明得多吗？如果没有的话，他们也可以像你一样成功，甚至可能比你做得更好。

教练与指导的本质区别

如果员工离开了你的公司之后，发展得更好了，就说明他在你的公司里根本没有发挥出他应有的潜能。只有当一个管理者相信员工潜能存在的时候，他才肯放下指导的架子，而变成教练（coaching），不断用提问的方式改变这个员工的状况。

马斯洛的需求理论构建了一个需求金字塔。金字塔从下到上将人的需求分成五种：生理需求、安全需求、社交需求（归属和爱的需求）、尊重需求以及自我实现的需求。我们可能认为，这些层次需求要一级一级来满足，只有满足了低层次需求才会转向高层次需求。这种理解失之偏颇，因为他没有办法解释为什么有的人"不为五斗米折腰"，又为什么有的人为了道义甚至可以牺牲生命。这种人还没有满足安全需要，就直接追求到顶层自我实现的需求。

其实很少有人认真读过马斯洛的需求理论，其中有两个非常重要的

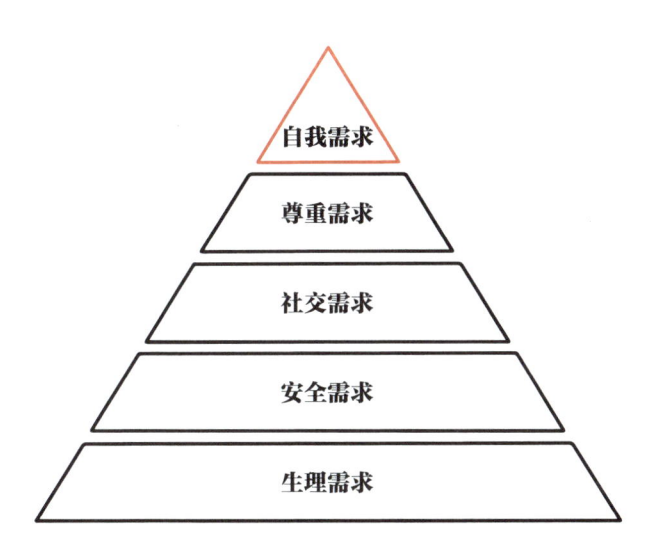

```
        自我需求
      尊重需求
    社交需求
   安全需求
  生理需求
```

解读：第一，**当一个人能够在自我实现的需求上得到充分回报时，他就会忽略下面层次的需求**。比如，当你给一个人足够的尊重和自我实现的时候，他就会觉得有没有钱没关系。焦裕禄就是一个典型的例子，为人民服务能够给他带来极大的成就感，即便是付出生命、没有报酬，他也能坚持下去。

第二，**如果一个人的更高层次的需求无法得到满足，他就会在低层次需求中拼命索取**。这就是为什么很多贪官会永无止境地贪污。他高层次的需求是完全空虚的，他根本感受不到自己存在的价值、意义，以及对社会的贡献。他的自我评价很低，这就导致了他会在低层次的需求上拼命攫取。

类似地，我们可以反思一下，如果员工整天和我们谈钱，整天要求加薪和分红，我们就需要想想看，是不是员工高层次的需求没有得到回报呢？当你能够给对方足够的尊重和自我实现的感觉时，他低层次的需求才会减少，转而追求高层次的需求。我们所说的教练式辅导所给予员工的，就是让他们找到实现自我的目标和方法。

GROW 辅导的关键原则

一个人工作干不好，一般都是因为两个问题：第一，缺乏自我认知，不清楚自己现在的状况、自己的责任或者最大的困难是什么；第二，他会认为这件事与他无关，因为老板是这样说的，因为大家都是这样做的，因为社会环境就是这样……总是会存在一些理由。惠特默博士于是发明了一套 **GROW 模型**，即四个步骤：**目标**（goal）、**现状**（reality）、**选择**（option）和**意愿**（will）。用这四个步骤帮助对方承担自我责任，认清自我的现状。

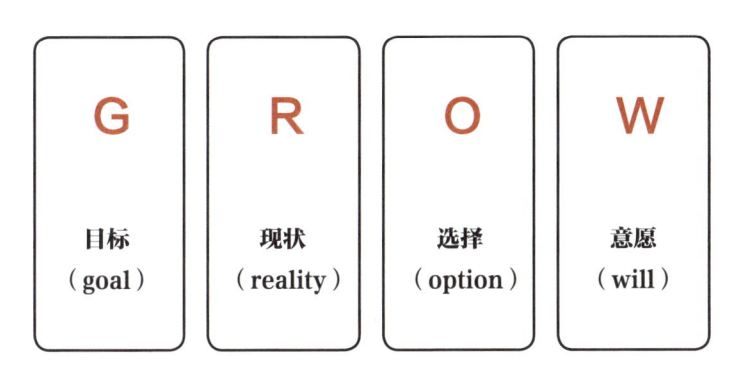

G	R	O	W
目标 （goal）	现状 （reality）	选择 （option）	意愿 （will）

第一步：目标

如果有人跑来问我："樊老师，××事我该怎么办呢？"套用教练模式，我会通过第一组问题厘清楚他的目标是什么，同时通过这组问题，激发他自己确立一个目标。我会问："你的目标是什么？""你最想实现的是什么？""你希望自己的工作变成什么样？""如果设想一下，你觉得最美好的工作状态是什么？"

他如果说："我想寻求生活和工作的平衡。"这算是一个清晰的目标吗？当然不算。

你可以继续追问："什么叫作工作和生活的平衡呢？平衡的标志是什么？你打算什么时候实现？"当他说出具体实现的指标，并且知道什么时候实现的时候，这个目标就逐渐清晰了。

一个人有清晰的目标，才具备了实现目标的前提。很多人经常心烦意乱、不知所措，出现这种情况的原因其实很简单：他根本不知道自己想要什么。这组问题就是要激发他找到一个目标，并且**把这个目标具体化：什么时间，什么地点，变成什么样**。

第一组常用的问题包括：

- 你要实现什么目标？
- 具体的目标是什么？
- 有什么具体的指标吗？
- 打算什么时候实现？
- 你能设想的最佳状态是什么？

这些问题是为了激发对方对目标的感受。你在判断对方的目标是否清晰时，需要注意不要轻易评判对方的目标。

有一次上课，课堂上我要求一位老板来辅导一名员工。员工说："我想最近几年到国外读一个MBA。"老板的反应是："你读那玩意儿有什么用？没用！"因为老板自己读过，所以老板会说"读那个没用"。其实，老板并没有客观地听员工接着往下讲，他把责任接过来了——他开始评判。一旦你开始评判对方的目标，对方就会立刻自我保护："那老板你说啥有用？"如果对方不尊重你，他会说"我觉得挺有用的"，然后就开始和你对抗，那么这个辅导就会失败，因为责任感已经从"他"的身上，转变到"你"的身上。请记住：**不要评判对方的目标，只要对方能够准确清晰地说明他的目标就可以了。**

第二步：现状

关于现状的问题有：

- 现状是什么？
- 哪些事让你特别心烦？
- 你做过哪些努力？效果如何？
- 都有谁与此相关？

需要注意的是，"都有谁与此相关"，这是一个非常重要的问题。这个问题会放大人们的视野，让大家把所有与此事相关的人都罗列出来，研究一下他们分别持什么态度。同时思考，自己曾经做过些什么努力来改变，与自己相关的原因有哪些。

有一次，我问一个人做过哪些努力来改变。他说："我没做过什么努力，我好像什么都没做，我就是不停地抱怨。"如果我没有询问这个问题，而是直接指责他："你什么都没做，你也没有努力过，你就是在不停地抱怨。"会有效果吗？他肯定不会接受，但如果由他自己说出来，就代表他开始认清现状。

另外一个非常重要的问题，就是你**如何知道哪些是事实**。有时候人对现状的判断是错误的，所以你需要提醒对方一下。

第三步：选择

为了激发对方的思考，你可以发问：

·你有哪些选择？

·有哪些方法来解决问题？

·类似或相同的情况下，你听过或见过别人用什么办法来解决问题？每个人的思维都有惰性，一旦想出一个解决方案，就不会再继续想了，然而这个方案未必是最好的办法，所以这时要追问一句：

·还有其他办法吗？

相反，如果对方说了一个不靠谱的方案，也不要急于否认，不要评判。因为被你辅导的人做的事，你自己可能都不会。我作为一个老师，辅导过银行的员工、卖钢铁的、做水泥的、搞环保的，但这些人会做的事，我一样都不会，可这不妨碍我辅导他们。

这一组问题本身就具备能量，接受过辅导之后，他往往会说自己明白了。最艰难的状况是你对这件事很了解，这时就容易变成介入，一旦变成介入，就会离成功越来越远。不要轻易地评判说"不行"，如果觉得怀疑，就问问对方这样做可能有什么后果，让他自己去思考。

在选择这一部分，最重要的就是尽可能多地帮助对方穷尽各种各样的想法，让对方知道原来还有这么多解决方案。往往在这个时候，对方是最激动的，因为他找出了很多种解决的步骤和方案。

第四步：意愿

最后，我们通常会问：

- 你打算怎么做？
- 何时是下一步行动的最好时机？
- 下一步的行动是什么？
- 你还需要谁的帮助和支持？
- 还有哪些资源是必需的？

当你把这些都问完的时候，对方已经开始准备下一步的行动了。

这四步中，前两步是为了帮助对方搞清楚自己所处的现状，后两步就是在帮助对方建立自我责任。这四个步骤构成了GROW辅导的关键原则，掌握了这四个步骤的具体方法，就可以开始教练的实践了。

一次关于教练的实践

对于教练的初学者，最简单的方法就是按照以上所列的问题一个一个地问下去。不用加入任何自己的判断和经验，就能让对方发生巨大的改变。

有个好朋友找到我，让我给他老婆讲讲佛法。他老婆因为接下来是生孩子还是继续工作特别纠结，只要家里有人提生孩子的事，他老婆就一定会爆发,甚至还会哭。他觉得因为这件事情,老婆快得焦虑症了,也许佛法会帮助她缓解这种焦虑。很多女性都会面临这样的问题:事业正在上升期,压力巨大,没有精力也没有时间生孩子,身体也因为繁重的工作变得很糟糕。如果这时候生孩子,会很冒险;但如果不生,年纪越来越大,生孩子的风险也越来越大。我一听,这件事正好是教练技术可以解决的。

我就问她:"你的目标是什么?"

她回答说:"我觉得很乱,希望自己的工作和生活能平衡一点。"

这个目标并不清晰,所以我就追问:"你觉得什么才叫工作和生活的平衡呢?具体的指标是什么呢?"

"具体一点,就是我得在生孩子和工作之间做一个决策,决定一下我到底是生孩子,还是继续工作。"

"那你打算什么时候做出这个决策呢?"

"我想,大概今年年底吧。我必须做一个决定了,如果能实现双赢是最好的,就是既能工作,又不耽误生孩子。可是如果真的实现不了,我也必须要做出一个决定了。"

从上面这段对话,你就知道这时候她的目标已经明确了。

接下来就进入第二组问题:"那么现状是什么呢?"

她说:"现状就是工作好累啊,我在一个基金公司里做研究员,整天出差。这份工作很辛苦,要加班,晚上还经常熬夜,甚至有时候还要通宵。其实我的身体是吃不消的,都被掏空了,根本就没法生孩子。"

忽略这一大段抱怨,她把现状讲出来了。

"那么，都有谁与此相关呢？"

"我老公、我妈妈、我婆婆、我老板，这些人都跟这事儿有关。"

"这些人各自持什么态度呢？"

谈到这个问题，能明显感觉到她的说法就变了："我老公当然挺好的，他说生孩子也行，不生也行，反正我们家的经济状况还可以，他还可以养着我，也没有给我太大压力。"

在这之前，我了解到的是，我的朋友（她的老公）跟她说："生呗，没事，大不了辞职。"我朋友一旦这样表达，这个女孩就会说："我的工作在你眼里真的一文不值吗？你觉得我就应该当一个家庭主妇吗？你怎么一点都不尊重我的工作呢！"我朋友只好改口："那就不生了，你接着上班。咱又不着急，才刚过30，慢慢来，不要紧，你不催我，我也不催你。"这时候他老婆又会说："将来做高龄产妇的那个是我好吗……"

发现了吗？无论我朋友表达的是生还是不生，他老婆都会表达出"有你说的那么容易吗"的反驳意见。因为我朋友并不了解她内心的纠结，而这时候我问她，她又改口变成了"我老公挺好的，对我挺宽容的，生也可以，不生也可以"。

"我妈妈、我婆婆，她们肯定是想要孙子的，但是她们也没怎么催我们。我觉得我们家在这件事上对我还是很宽容的。"

"那你老板呢？"

"我老板对这事根本就没关注，我老板可能都不知道我心里想着这件事，因为我都没跟他说过。"

"你都为此做过哪些努力呢?"

她想了想,说:"我没做过什么努力,我就是在家里纠结,然后跟我老公发脾气。"

"这个事与你相关的有哪些要素呢?"

"跟我相关的,可能是我这个人想要的太多吧,我啥都想要。"

大家可以注意一下,这种话如果是我来说,就一定会吵架,最后有可能变成沉默对抗。但是现在,这是她自己反省出来的。

"那你打算怎么做呢?"

她很认真地在思考,我们作为旁观者一眼就能看出来,这个辅导是成功的——被辅导者在不断地思考,而辅导者是一种气定神闲的状态。因为这件事的责任感最终落到了被辅导者身上,而不是辅导者身上。

她想了半天,说:"首先,我得回去跟我们老板谈一下,我得让老板知道我心中有这个纠结,让他给我调整一下工作,减少出差。然后,如果可以的话,再给我配个助理。我会用半年的时间尽量调整我的工作和生活,让我能够晚上准点下班,然后去健身房锻炼身体,慢慢地恢复身体。如果到年底之前能够把身体调养好,并且减少出差的话,我就生孩子。"

"如果不能呢?"

"那我就辞职生孩子,因为这件事对我来讲很重要。"

"好,那你打算什么时候实现这件事呢?"

"今年年底之前,我一定要把这事实现。"

这只是一组解决问题的方法,我接着问:"还有别的方法吗?"

"那你再给我推荐几本佛教的书吧,我读一读。"

"除了这个呢?先说你自己的。"

"别的没有了,就这些了。"

之后,进入愿景步骤:"你还需要谁的支持?"

"我需要征得我老公的同意。"

我朋友就坐在旁边,赶紧说:"没问题!"

"你回去之后,做这件事的可能性是多少?0~10,你打个分。如果你非常肯定要做的话,就接近10;如果你不太肯定要做,就接近0。"我又接着提问。

她想了一下:"3分。"

"3分?那就意味着你不会做呀!如果可以调整某个指标,把这件事的可能性放大,你愿不愿意试一试?"

她又想了一下,说:"可以。如果不在乎老板的想法,这件事的可能性就会高很多。"

"那你愿意调整这个指标吗?"

"可以呀,我都打算辞职了,干吗还要在乎他的想法呢!"

"好,如果你不在乎老板的想法,执行这件事的可能性有多高?"

"9分,我现在就可以做了。"

"很好。回去之后第一步做什么,第二步做什么,你还清楚吗?"

之后她把计划叙述了一遍。我朋友坐在旁边都愣住了,这个谈话居然能这么顺利,几个问题就能把之前纠结那么久的事给解决了。关键解决方法还是他老婆自己说出来的,不可思议!

整个过程中，我没有评判，没有介入，没有不断提建议，我让她知道这件事的责任在她自己身上。辅导者一定要抱着这种心态：**这些事情都是你的事，和我没有关系，你要自己承担起这个责任。**

这套GROW模型不仅适用于成年人，对于孩子也同样有效。例如，对于孩子学习这件事，如果能让孩子明白学习是为了自己，他就会因为要对自己的未来负责，愿意主动去学，很多问题也就迎刃而解了。其实GROW模型很像《如何培养孩子的社会能力》中提到的方法，而GROW模型是针对成年人同样有效的方法。

好教练的特征

一个好教练有什么特征呢？首先，要做到不评判、不引导，辅导最大的敌人就是引导，一旦对方听出来你想要引导他去做一些事，他就会立刻把自己的责任推到你身上，这就很难推进下去了。其次，就是不建议，这是让自己"置身事外"的一个重要原则。再次，就是教练自己要放松，不要让自己的紧张情绪介入。最后，真诚很重要，一个优秀的教练要能够让对方感觉到他是被完全信任的。

结　语

教练是一个特别有意思的培训门类，这种方法真的能够帮助很多人。在未来，人们越来越多地需要被激发、被辅导，而不是被指定，因为人们都越来越有个性、越来越独立。希望大家掌握了这套方法之后都能去实践一下，当一个人问你"这事儿该怎么办"，你会下意识地反应"你觉得呢"时，你就已经从一个指令型的领导，逐渐变成一个教练型的领导了。

11

要有危机领导力

> 幸运会扮演一定的角色,
> 但你如果不够聪明,不够专业,
> 不能在正确的时间出现在正确的地点,
> 你就不会获得幸运的垂青。
> ——丹尼斯·珀金斯

▌ 推荐阅读:《危机领导力》

荐　语

每个人在带领团队的过程中都难免遇到挫折，当你陷入巨大的困境时，那种无助感油然而生。你可以读一读《危机领导力》，它不是教授们温情脉脉的实证或在实验研究下得出的成果，它的风格与一般的管理图书全然不同。

这本书的作者丹尼斯·珀金斯（Dennis N.T.Perkins）曾经是一名参加过战争的海军陆战队队员，退役后成为一名管理咨询师。他热衷于考察在那些挑战人类极限的活动中，如南极点探险竞赛、"阿波罗13号"登月、攀登珠穆朗玛峰，危机领导力是如何发挥作用的。这本书研究的是"AFR午夜漫步者号"夺取1998年悉尼至霍巴特帆船赛冠军的过程，为此丹尼斯访问了所有的船员、家属、竞争对手，甚至后来亲自参与了一次这项最危险的航海赛事。

有人说，帆船运动是最考验团队合作能力的，为此越来越多的管理训练在帆船上进行。当然，他们不可能经历航海探险一般残酷的考验，但置身其中，也会感同身受。

关于悉尼至霍巴特赛事

这是澳大利亚的一项标志性赛事,被誉为离岸帆船赛中的巅峰。赛程共 1170 公里,以天气变化无常著称,比赛过程中经常出现无法预测的风暴,遭遇热带气流、强力逆风、逆向水流更是家常便饭,并且每年遇到的天气状况都完全不同。航行中,变幻莫测的天气让不少船队吃尽苦头,因此人们将它称为"南半球最艰辛的国际远洋比赛"。与之相比,美洲杯帆船赛只是富人们午后出去在海上绕着浮标转几圈而已。

1998 年的悉霍赛尤其危险。当时一共有 115 艘船、1135 名船员参赛,最后只有 44 艘船到达终点,其间 5 艘参赛船沉没,7 艘被遗弃,6 名经验丰富的船员丧生。整个救援出动了 25 架飞机、6 艘船,参与救援人员达 1000 余人。

甲骨文的创始人拉里·埃里森(Larry Ellison)和传媒巨子拉克兰·默多克(Lachlan Murdoch)也参加了 1998 年的比赛。埃里森是个穷奢极欲的人,豪车、游艇、飞机,一样不缺,他在玩过几次美洲杯帆船赛后,觉得不过瘾,于是参加了悉尼至霍巴特帆船赛。他买了一艘长达 24.3 米的"莎扬娜拉号"帆船(莎扬娜拉是日语"再见"的直译),是这次比赛中最大、性能最好的帆船。他聘请了世界级的明星船员,雇用了最贵的天气预报服务人员,他们的预报可以精确到小时。埃里森在出发前还跟队员们开玩笑说,其实根本不需要天气预报,因为"莎扬娜拉号"

能应付一切天气。就是这样一个拥有最好的帆船和明星船员的团队，也因为途中遭遇了极具破坏性的天气而被迫退出。如果以这场比赛为蓝本拍摄电影的话，无疑是一部灾难片。

在这次比赛中，获得冠军的是一艘长度仅为10.7米的小船——"AFR午夜漫步者号"。他们和时速169公里的狂风以及24.4米高的大浪搏斗之后，经过3天16个小时，安全抵达赛事终点。

"午夜漫步者号"的经历

团队成员

"午夜漫步者号"的船长爱德来自一个航海世家，从小就参加帆船比赛，之前也参加过悉尼到霍巴特的比赛，但从未取得过冠军。他买下了"午夜漫步者号"之后就着手组建团队。

克里斯，第二次参加比赛，之前他因船中途损坏而被迫退出了比赛。

戈登，曾经跟随爱德参赛，但也是个新手。

米克斯，负责更换船帆，还是一位良好的沟通者，最擅长在爱德发脾气的时候开玩笑，让整个团队的气氛轻松下来。

鲍勃，爱德的弟弟，在关键时刻可以替换爱德掌舵。

比赛过程

115艘船在晴空下驶出悉尼港口，一开始天气还不错，在离开海岸之后，天气开始逐渐变糟，"疯狗浪"（一种长波浪，由各种不同方向的小波浪汇集而成，再与礁石或岸壁等撞击而卷起猛浪，也可能是由许多碎浪组合而成的一条较长的波浪）扑面而来，尤其是在夜间，漆黑的海面和狂风暴雨，让所有海员都惊恐万分。如果你看过电影《海神号》（*Poseidon*），就会对这种浪记忆深刻，几十米的浪卷着积蓄能量的水像一幢高楼一样迎面压来，巨大的轮船顷刻间被打翻，更不用说弱小的帆船了。

拉里·埃里森晕船狂吐不止，躺在船舱里也要从几十米的高空突然坠落，默多克的手指被船帆切断，"莎扬娜拉号"在航程近半的时候退出了比赛。"午夜漫步者号"上的船员也感受到了死亡的威胁，每个人都做好了落水的准备，但没有人提出过放弃比赛，帆船驶向海岸线。

这一切仅靠幸运是难以解释的。在经过大量研究和访谈之后，作者找到了10个带领团队走出困境的策略。

十大策略

策略1：让团队成为明星

成功的团队建立在一个信念之上，这个信念就是只有一个明星，这个明星就是团队。相比"莎扬娜拉号"，"午夜漫步者号"是缺乏个人明星的，但成功并不需要某个人的出众，而是整个团队的出众。

1. 找到具备坚定信念的团队成员——他们就是要去霍巴特。他们不是因为巨额佣金才加入的，而是抱定了走完全程的梦想，并且能够在赛事中捧杯。只有为了这个目标愿意吃苦的人才能进入团队。

2. 寻找多样的人才，并把合适的人放到合适的岗位上。每个人都有各自的优势和不足，但在最合适的岗位上，劣势可以得到弥补。

3. 最小化等级与地位差别。这不意味着所有人决策时都拥有相同的话语权，而是指团队成员要同甘共苦，减少特权待遇。

《亮剑》中，李云龙的下级平日里跟他相处时没大没小，经常管他要这个要那个，嬉笑打闹。但是在关键时刻，李云龙的指挥，大家还是一致遵从的。任正非出门还自己打车，他并不觉得自己一定要配个专车，到哪儿都由司机接送，他愿意把自己变成一个跟员工同甘共苦的人。

当你减少地位上的等级差别时，人们才不会把你供在办公室里，才愿意跟你说真话，告诉你坏消息。

4. 追求兄弟情谊。无私、不求回报地帮助同事走出困境，是建立兄弟情谊的关键。

有的人喜欢提"职业"——把活干好就行了，不需要和他人建立感情。普通团队中，这样的合作没有问题，一旦危机来临，简单的"合作"远远不够，没有"全心全意"为对方付出，没有"牺牲小我去成全大我"的精神和文化，团队很难渡过难关。而这样的团队文化，是通过日常生活中的一点一滴培养起来的。

5. 设立最佳贡献奖。这个奖项用来表彰最能代表团队、付出最多的成员，由船员投票产生。

6. 打造外向型团队。团队内部关系紧密，但很开放，愿意与外部团队或个人合作。

孔子曾说："君子矜而不争，群而不党。"外向型团队就是这样一个"群而不党"的团队，有兄弟情义但不结党营私，不故步自封。

策略2：不给失败留任何借口

"午夜漫步者号"最重要的特质之一就是他们对准备工作很重视，这样才能使获胜概率最大化，而且不给失败留任何借口。

1. 创建一个团队检查清单。医生阿图·葛文德（Atul Gawande）写过一本《清单革命》，展示了医生在做手术时使用的清单，这个清单也可以用于日常事务的管理。"午夜漫步者号"也创建了清单，根据清单一一盘点，不断调整，保证每一个准备工作都做到位。

2. 在比赛中也不要停止准备。制订各种紧急情况下的检查清单，并经常培训。船在行进过程中，大家经常开会，了解最近哪些东西损耗了，下一步应该如何做。

3. 擦拭煤油炉。爱德在准备这场比赛时，连船上的煤油炉都擦得干干净净，他把每一件看起来无关紧要的小事都准备好，这代表着必胜的信心。

4. 对变化有所准备，但也要灵活应对变化。有时变化会猝不及防，团队需要灵活应对。

大量甘于平庸的团队，一开始就没有好好准备去迎接胜利。凡事凑合，没有计划，干到哪儿是哪儿。而卓越的团队从一开始就做了充分的准备，这样也更容易取胜。

策略3：适度乐观，发现并关注获胜的场景

在危机中难免会产生挫折，如果没有人能够把团队从沮丧中带出来，就无法走出危机。

1. 务必要清楚获胜意味着什么。想要发现并关注获胜的场景，第一步就是要给获胜下定义。只有这样，团队才能达成共识。

2. 发现获胜的场景。努力发现胜利的曙光，这一点适合所有团队。

我在1999年参加国际大专辩论会时，到最后的决赛环节，每天都会想象我们站在领奖台上的样子，然后全情投入比赛。

郎平在带领女排打比赛时，每赢一个球都会为她们鼓掌，给大家加油，因为每一步都是一个小小的获胜场景。

3. 一旦下定了决心，就要坚持下去。这可以让团队专注于取胜办法，而把各种分歧抛在脑后。

4. 主动鼓励积极的、乐观的对话。每个人都需要他人的鼓励。

不仅是领导者，团队中的每个成员都要保持乐观的状态，相互鼓励。

平庸的公司里，员工往往缺乏干劲。领导每天盯着不愉快的事情，纠正大家犯的错误："你这儿怎么又没干好""我都跟你说了几百遍了，不能这样"……总结教训没问题，但一定要关注做得好的部分，并且鼓励大家继续取胜。

策略4：打造热衷于学习和创新的"工合"文化

打造学习型团队的步骤是：行动—反思行动的后果—积累沉淀经验。但要做到却不容易。

1. "工合"（gung-ho）文化，这是中文的音译。第二次世界大战期间，《时代》周刊曾用中国士兵作为封面，褒扬他们富有战斗激情以及合作精神，这就是"工合"文化。团队成员可以公开讨论事情的症结，而不会有人遭到冷遇或报复。

2. 鼓励创新，投资创新。在谷歌，员工不会"各人自扫门前雪"，他们甚至会越界去完成别人的工作，但对方也不会生气。因为所有人的出发点都是把事情做得更好，这就是创意精英的文化。

3. 在战况最激烈的时候也要学习。战况最激烈的时候人们的情绪也会难以控制，这时候要学会说："我想就刚才发生的事情稍微讨论一下，谢谢！"

大家一边讨论，一边学习，一边进步，只有抱着这样的精神，团队才能够快速灵活地应对各种突发事故。

策略5：评估风险，愿意驶进风暴

《危机领导力》的英文书名是"*Into the Storm*"（驶入风暴），如果不愿意驶入风暴，永远不可能成为冠军。如果你在运营公司时，不愿意面对未知的挑战，不愿意处理麻烦事，就永远只能做一家普通的公司。敢为人先、积极开拓，就是驶入风暴。而驶入风暴的前提是明白什么是要担心的，如何减少风险，以及需要承担哪些风险。

1. 知道自己会遇到什么。要事先预计你会遇到什么事情，并在真的遇到事情时，决定采取什么办法来把风险最小化。

2. 不要错误地估计团队的能力。并不是所有船都适合驶进风暴。

3. 在风暴来临前测试你的极限。

"莎扬娜拉号"没有做过极限测试，当它遭遇几十米高的"疯狗浪"时，从浪上摔下来就像从高楼坠落一样，而且速度快得多，所以它当场就折断了，它的长度恰恰成了它的劣势。而"午夜漫步者号"经过了充分的测试，成员很清楚每个人的极限和船的极限。

4. 留意周围的情况。在行动的过程中不能掉以轻心，要时刻收集周围的数据，不是简单地获取信息，而是要求收集合适数量的信息，分析数据，了解其含义，然后再根据分析结果行动。

5. 区分心理风险和统计风险。有些事看起来可怕，但只是我们的心理风险在起作用，统计风险才是实际的风险。

有的人不敢在陌生的海滩游泳，是因为听说这里有鲨鱼吃过人；有的人害怕坐飞机，是因为听说过惨烈的空难，所有乘客都未能幸免。但这些都属于心理风险，其实鲨鱼并不喜欢吃人肉，因空难而死亡的概率远远低于因汽车车祸而死亡的概率。

分清楚心理风险和统计风险，才能够避免由于担心心理风险而不驶入风暴区。

6. 拉上所有人，让他们全力支持你的决定。

"午夜漫步者号"团队在最绝望的时候，开会讨论是否要退出比赛，每个人都需要表态，而所有人都想坚持下来。让所有人都愿意驶入风暴，你才拥有一个极具战斗力的团队。

7. 浪头高的时候要以60°角航行。

当大浪打来，迎浪而上肯定会被拍翻，这时候可以用60°角慢慢往上走。在最艰难的时候，即便不能保持原来的速度前进，也要让自己逐渐地进步。

策略 6：保持联络，即便身处风暴中

在最困难的时候，沟通也会变得很困难，此时噪声之大让彼此间的对话也变得困难。

1. 了解你的队友，以此调整你要传达的信息，培养个性化的沟通方式，并让你的团队熟悉它。

2. 警告甲板下的人大浪来了。不是每个人都在甲板上，都能看到大浪。告知甲板下的人大浪来了，他们会更有参与感。

在海上航行，需要换班休息，在帆船上操作的人，每次遇到大浪都会敲击甲板，让底下休息的人知道，好抓住周边的固定物，以免受伤。经营公司也是一样，并不是所有人都像老板一样站在甲板上，看得清航行的环境。如果公司遇到危机时老板不警告所有人，不与员工分享信息，员工就会感觉自己被扔到一边了。

你可以培养团队独特的沟通方式，比如敲击甲板。有的团队，成员通过相互间的一个眼神就能明白彼此的意图，这是一种配合的默契。

3. 向掌舵的人提供帮助。掌舵人很重要，他能把握帆船的航向，但他在专心掌舵时没有精力关注所有的情况。每个人看到新的浪头或者发现船上的变化，都有责任把这些重要的信息在第一时间传递给掌舵的人。

4. 情势所迫，可打破常规。如果信息真的重要，而噪声又非常大，就需要打破常规来传递它。

策略 7：填补空缺，找到共同掌舵的办法

掌舵的人压力很大，仅靠他一个人很难挺过困境，这时就需要大家

提供补位的支持。

1. 寻找团队中的空缺并填补上去，自动、自发地找到最需要你的地方。
2. 注意观察自己和同伴的承受力，让每个人不至于突破极限。

船长爱德驾驶帆船已经一天一夜都没有睡过觉了，他的弟弟强行让哥哥到船舱里休息，然后自己代替哥哥掌舵。因为他发现哥哥有些体力不支，如果再坚持，整个团队都可能遭受灭顶之灾。但是代替掌舵也需要足够的能力和勇气。

3. 在风暴袭来前弄清楚成员的能力。平时多训练、多了解，才能清楚成员的能力。知道彼此的能力和短板，才能及时判断是否要补缺和帮助。
4. 愿意放手。对于每个领导者，放手都是最大的挑战。作为船长的爱德放手让弟弟掌舵，而自己回船舱休息也是出于对弟弟的信任。如果领导者永远不放手，整个团队想替补都没有机会。
5. 做出贡献有很多方式——小事也可以表现不凡。不是只有关键岗位才能做出贡献，有时候一句简单的鼓励也会起很大作用。

我小的时候，对《上甘岭》中的一个片段印象深刻。女卫生员王兰是个开朗的女孩，她虽然不能上前线打仗，但是在后方救治伤员，打水、换药、喂饭……不管多苦多累，都始终面带笑容。她在山洞里带领大家唱歌，当"一条大河波浪宽"的歌声唱出来后，在场几乎所有人的眼睛里都充满了希望，再疲惫的战士也变得充满活力，再艰苦的环境也变得温暖美好。

策略 8：正视问题，应对前进中的障碍

能够获胜的船只，绝不会长期存在冲突与合作问题，他们会在工作过程中有效消除这些问题。

1. 解决问题，不要抱怨。获胜的队伍会把精力放在分析问题和应对策略上，避免错误再次发生，而平庸的队伍都把时间花在争执、推诿和责备上。

2. 正视能力上的差别。能力有高低，大家需要坦然面对。能力不足要从对话开始，诚恳地谈谈成员的表现，然后训练、教导、培养。实在不行的话，换岗位或辞退。

3. 数好螺栓，减轻船的重量。到最后，他们把船上能减少的螺栓都减少了，严格到每个细节，尽量让船变得更轻，排除影响速度的因素。

4. 运用幽默消除紧张。在人们意识到情况的严重性时，如果同时还能维持轻松的气氛，就可以让团队成员重新专注起来。

米克斯负责更换船帆，一共有三个绞盘，其中两个都掉到海里去了。大家嘲笑他："肯定是你扔到海里去了。"并总拿这件事开玩笑。结果风暴肆虐时，他们在使用唯一的一个绞盘时，旁边的人打趣说："米克斯，要不然把这个也扔下去好了。"大家哈哈一笑，生死关头的紧张情绪就这样缓解了。

策略 9：适应力，掌握快速恢复的艺术

要想考验一个团队是否卓越，最重要的一个指标是看它从挫折中恢复的速度。心理学家一直想弄清楚为什么有的人能把压力转换为动力，而有的人却被压力压垮。他们做过一个测试，了解网球高手和网球普通选手的差别。他们给这两类人装上测量心跳的仪器，网球高手在击完球后捡球回到底线的这几步路程中，心跳就恢复到了正常状态，而普通选手心跳速度没有什么变化。顶尖的高手能够快速恢复，顶尖的团队也一样。

增强适应性的方法有：

1. 把问题看成正常事件。
2. 冷静地从挫折中恢复过来。好的团队，几分钟就能恢复正常。
3. 以恢复用时来衡量成败。恢复正常所需的时间是判断表现好坏的关键指标。
4. 别把船开坏。避免矫枉过正，恢复需要速度，但也要仔细把控，不能把船弄坏了。

策略 10：永不放弃，总有别的出路

危机中每个人都可能会有放弃的念头，让一个人坚持下去也许不难，但让一个团队坚持下去就非常困难了。

"午夜漫步者"号做的最坏的打算就是实在不行就朝海岸开，但不到最后一刻他们是不会做这个决定的，他们甚至认为往海岸开还不如就往前一直开。只要朝着你的目标方向，不停地寻找解决的方案，总有一刻会找到合适的方案。

历史上，柳暗花明的情况太多了：眼看就要输了，突然对方起了内讧，或者来了一场天灾，甚至刮场大风也能改变格局。

所以，没到最后一刻，就一定坚信：总有办法！总有出路！一定可以坚持下去！

带团队走出困境的十大策略

1. 让团队成为明星
2. 不给失败留任何借口
3. 适度乐观,发现并关注获胜的场景
4. 打造热衷于学习和创新的"工合"文化
5. 评估风险,愿意驶进风暴
6. 保持联络,即便身处风暴中
7. 填补空缺,找到共同掌舵的办法
8. 正视问题,应对前进中的障碍
9. 适应力,掌握快速恢复的艺术
10. 永不放弃,总有别的出路

结 语

虽然，极少有企业会让员工处于如同"AFR午夜漫步者号"这样充满生命危险的境地，但事实上，危机的本质是一样的，只不过少了生命的威胁，却宛如温水煮青蛙，有多少企业就这样在危机中"壮烈牺牲"。因此，《危机领导力》是一本在主题上未雨绸缪的书，而作者给出的建议更是适合所有企业的所有时刻，因为所有的危机都有其警兆，倘若在其萌芽时就能坚持这些方法，何至于"企毁人去"！

只有真正

从客户角度出发，

才能做出

让人尖叫的产品。

PART 5

持续创新
才能走得更远

12

培养你的商业思维

创新就是发掘一个自己已有的能力,即打开心门,与他人建立联系。
——戴夫·帕特奈克

▌ 推荐阅读:《谁说商业直觉是天生的》

荐　语

在生活中，我们常会因为某个产品眼前一亮，在你为它的创意点赞的时候，肯定想知道那个打动你的创意是怎么想出来的。为什么这些人就那么有商业头脑呢？为什么我们就想不到、做不到呢？难道他们天生就有敏锐的商业直觉？其实不然，商业直觉是可以通过一系列训练获得的，而《谁说商业直觉是天生的》就是一本训练商业直觉的书。它虽然不是打开所有大门的金钥匙，但至少为我们提供了一扇窗，透进一缕创意的阳光。

如果说哪种动物最"通人性"，恐怕非狗莫属了。有人把猫、仓鼠当宠物养，也有人喜爱其他动物，比如大象、老虎、蜥蜴，甚至蛇，但是为什么只有狗被称为"人类最忠实的朋友"呢？这其实还有生物学方面的原因。人的大脑分为三个部分：其一是爬虫脑，负责我们最基本的生命活动，比如呼吸、行走，几乎所有动物都有；其二是皮质脑，这是人类进化得到的，负责理性分析和高级思维，比如逻辑、推理、科学、算数等；其三是哺乳脑，负责情绪关怀的部分。狗的皮质脑很不发达，但它的哺乳脑却与人类的一样灵敏,你的情绪如何,它马上就能感知到。我们常常听养狗的朋友说,狗能理解他,会陪他哭、陪他笑,就是因为狗具备一种重要的能力——共情,这种能力使它成为最受人类欢迎的动物之一。

如果一个人具备共情的能力,他便会打开"心"门,站在他人的角度思考问题。他会站在客户、供应商、领导或下属的角度思考,他会与别人,特别是客户建立起深刻的联系。敏锐的感知能力、深刻的理解能力、真正为他人着想的关怀能力,都是好创意之源。当你在为别人精妙的创意点赞时,是否发现这些创意就是站在你的立场上想出来的?

《谁说商业直觉是天生的》名义上是一本商业书,但是它可以解决与商人、教育家、设计师、营销人员、运动员、政策制定者等有关的很多问题。这本书的主要内容,就是探讨共情是如何发生的。

你与真实世界脱节了吗

你关注的是客户的真正需求吗

你有没有碰到过这样的情况,你迷路了,找出地图,却发现还是找不到北?因为这地图太麻烦了,大路小路、河道桥梁,一股脑儿都标上了。20 世纪初的伦敦市民经常在错综复杂的地铁里迷路,地铁管理方推出了一套非常严谨的地图,这套地图很精确。你打开一张地图,想找一条地铁线路,结果发现它们都隐藏在地面道路之下,地铁站名和公路名字重叠在一起,根本找不到。

后来,一位 29 岁的地铁职工哈利·贝克发现了问题,他在一个很小的笔记本上,用寥寥数笔就将整个伦敦地铁简化成一幅看似幼稚的路线图。其实人们根本不想知道地铁跟上面道路的精确关系,站与站之间到底有多长,只需要知道怎么从这一站到下一站,找到地铁站大致的位置就行。于是就有了我们沿用到现在的地铁路线图:直线、斜线、环线、换乘,很快就搞定了,就是这么简单。

我们做的产品,是否考虑了客户的真正需求呢?我们是不是也为客户画了一张非常科学和精确的复杂地图,把客户搞晕了呢?这下你是不是想明白了,为什么工程师提出来的创意总是增加成本却不见得有客户买账呢?

我们做读书会的时候，也经历了无数次这样的改革。**每当我们设计一个新的产品和功能时，我们都扪心自问：客户真的需要吗？这是否会让他们体验更好呢？** 只有真正从客户角度出发，才能做出让人尖叫的产品。

你关注到了所有的客户吗

1953年，巴西的咖啡种植基地发生了一场严重的霜寒，导致阿拉比卡优质咖啡豆严重减产，产量的减少导致价格的提高。于是，麦斯威尔公司就在咖啡中混入了一种口感较差但成本较低的罗布斯塔咖啡豆，他们觉得消费者不一定能喝得出来。起先，他们只掺一点点，比如10%的罗布塔斯，加上90%的阿拉比卡，磨成粉末混在一起，然后请人来品尝："你们尝一下，看看这个味道怎么样。"结果大部分人都觉得和原来的没什么差别。

到了第二年，他们提高了罗布斯塔的比例，从10%到15%，再到20%。慢慢地，越掺越多，直到1964年，他们在11年中每年都在不断提高便宜咖啡豆的比例。然而销量非但没有降低，反而还在不断地提高，所以麦斯威尔觉得这应该没问题。到了1964年，他们的咖啡销量突然大幅下滑，麦斯威尔吓坏了，立刻组织调查。结果发现，是因为新一代年轻人长大了，他们拒绝喝这种难喝的咖啡。

用这种逐步掺水的方法，的确让那些老顾客浑然未觉，但新顾客就不一样了，品质一差，新顾客根本不肯赏光。新一代喝咖啡的人根本不能忍受这种咖啡的味道。直到霍华德·舒尔茨在造访意大利时发现了真正好喝的高品质咖啡，他的星巴克一跃成了全球著名的企业，从此咖啡业才出现了细分。麦斯威尔等咖啡公司也开始重新供应高品质的阿拉比卡咖啡，从而又一次赢得了年轻消费群体的青睐。

麦斯威尔的失误就在于只关注了老顾客，而忽视了潜在客户，这样可能会损失大片的阵地。所以，要关注所有客户的感受，这样才能得到长久的发展。

现实的感触比逻辑分析更有说服力

在1998年之前，迪士尼乐园是没有动物王国的，也没有真的动物，只有卡通人物。有一个叫罗德的旅行家，他建议迪士尼创立一个荒野冒险乐园。旅客和动物近距离接触，将给人带来一种神奇、逼真的体验。迪士尼当时的总裁艾斯纳很怀疑："它们只不过是动物，能玩出什么花样？"他认为有米老鼠、唐老鸭这些卡通人物就够了，相比动物，幻想的世界更有趣。罗德发现自己并不能说服他，因为艾斯纳是个很成功的人，他会习惯性地沉浸在自己的想法当中。

于是罗德请来了一位驯兽师，和驯兽师一起来的还有一只活生生的孟加拉虎，比桌子还长。这只老虎一走进总裁办公室，整个屋子的气氛都凝固了。屋里闯进一只大型犬，我们可能都会被吓得要命，更何况是一只老虎。但令人吃惊的是，这只老虎慢慢走到艾斯纳身边，用头在艾斯纳身上蹭来蹭去。瞬间，艾斯纳就被打动了，当即表态要办一个动物王国。因为他体会到，真实的动物带给人的感受和卡通形象是完全不一样的。于是，迪士尼乐园才出现了真实的动物王国。

冰冷的数据资料和逻辑分析有时很难打败固有的观念，你需要让决策者在现实感性的世界里震撼一下，他才会切身感受到事实的美妙。

你想要知道自己的想法有没有与真实世界脱节的时候，需要从三个方面来考虑：

· 我们是站在自己的角度还是站在客户的角度来思考？

· 我们有没有关注到所有客户的需求？

· 我们有没有用合适的方法把它表达出来？有没有触动客户的感受？

培养共情的意识

你是为自己设计还是为顾客设计

1. 黏土塑形练习

戴夫·帕特奈克在斯坦福大学教授了一门"发现需求"的课程，就是让学生做角色扮演，体会客户的感受。比如，扮演渔夫、残疾人、电影明星，甚至异性，总之是一个与你完全不一样的人，去体会不同的人群有什么特别的需求。课上安排了一个黏土练习的环节，要求每位学生和他最要好的朋友组成一对，为对方做一个帮助其吃到最喜欢食物的餐具。

通常我们都会问好朋友："你爱吃什么？"

"比萨。"

"你喜欢什么样的比萨？是芝士口味的，还是夏威夷口味的？要不要卷边？平常喜欢吃铁盘的还是木盘的？尺寸有多大……"

我们可能会做一个对方喜欢吃的食物的模型，再做餐具，然后征求对方的意见。经过多次修改讨论，一般来说做出来的餐具往往是好朋友最喜欢的。

还有一种人，不太爱讨论，他们会根据自己的想象做出一个特别漂亮的、有艺术感的、精美的比萨刀或者盘子，但对方可能根本就不需要。

记得有个典型的案例，一位同学说自己爱吃烤鸡，他的搭档做了一整套吃烤鸡的工具给他，结果你猜他看到后是什么反应？他耸耸肩说："哦，我更喜欢用手撕着吃。"其实他想要的只是一副简单的手套而已。如果你能跟客户多聊聊天，就会发现这个人的习惯、背景、兴趣，以及对产品的需求，然后才能找出他真正需要的东西。

这个黏土塑形练习让所有参与者都印象深刻，他们会**记住自己的工作是为谁而做的**。

2. 当面付

支付宝和微信支付有一个类似的功能——当面付，根本不需要加对方为好友，就可以顺利完成支付。比如，支付给送餐的快递小哥，支付给商家，支付给菜摊老板……如果每个人付钱时都要加个好友，估计你的微信好友早就爆满了，而且你还会觉得不安全或者不舒服：每天朋友圈都被陌生人围观，心里总会别扭。当面付就没有这个问题了，对方调出一个二维码，一扫，钱就付过去了，就这么简单。

如果不是站在客户的角度去思考，怎么才能让客户感到安全、方便？怎么会想到当面付这种功能呢？

3. 复杂的遥控器按键

这里还有一个反面案例——电视遥控器。你有没有发觉电视遥控器是一个非常奇怪的东西？上面密密麻麻设置了那么多按键，但几乎用不到。常用的就只有开关键、频道键、音量键，其他很多写着字母的按键我到现在都没搞明白是干什么用的。最有意思的是，遥控器上最大的键是一个交互按钮，当你按键进入付费界面时，有线电视公司就有机会赚到钱。他们的逻辑是，能带来效益的，就设计得大点，而最常用的开关键、频道键都很小，因为它们不创造效益。所以电视遥控器是一个"反人类"的设计，它是站在商家的角度而不是客户的角度来设计的。相反，iPhone的设计就简单多了——只有一个键，需要什么点击屏幕就可以了。

不断捕获顾客的需求

1. 400年的知音镲片公司

美国有一家制作镲片（通常指爵士鼓中用的钹，世界上绝大多数的镲片都是使用以铜为主的合金制作的）的知音公司，最早可追溯到1618年土耳其的伊斯坦布尔市郊，一个年轻的炼金术士尝试把便宜的金属炼成黄金，却提炼出铜、锡、银的合金。这种合金具有非常好的弹性，而且声音异常好听。于是他将合金做成了镲，献给奥斯曼帝国的"苏丹"。国王很喜欢，给他的家族赐姓"知音"（意为镲匠），并成为第一代镲的客户。

猜猜镲在皇室的主要用途是什么？打仗。打仗的时候，只要一敲镲，它的充满爆发力和洪亮的声音不仅能吓倒敌人，还能鼓舞士气，就像我们古代擂鼓助威一样。后来，莫扎特第一次把镲用在了交响乐当中。从他开始，镲的用处就从皇室、国王和军队，转向了音乐界。

20世纪初，土耳其人大肆驱赶亚美尼亚人，知音公司几经辗转来到波士顿。他们依然保留了"知音"这个名字，因为"知音"二字是当年国王赐给他们家族的名字。这时的公司继承人艾芙迪三世发现摇滚乐开始兴起，他与那些顶级的爵士鼓手成为朋友，观察他们的演出，与他们交谈，甚至自己加入乐队，当音乐人。他以这个单一的镲为起点，最终开发出一系列成功的镲片，如碎音镲、叠音镲、泥浆音镲、嘻哈音镲……而他的儿子阿尔芒在制镲之余，自己也成了一名鼓手，他更了解鼓手和音乐，还专门设立了鼓手奖。知音镲片这家历时400余年的神奇公司，从来就不是仅仅依靠自己单一的炼金秘方来取胜的，他们与国王、军队、交响乐、爵士乐、鼓手、新锐音乐家的联系从未间断。他们的商业直觉来源于他们永远和客户在一起，不断地探索客户的需求。

2. 客户体验师

我认识一个年轻人，心理学专业的，本科时就发表了一篇SCI收录的文章，比许多教授的水平还要高。他毕业后进入易到用车做客户体验师,专门负责提升客户的体验。

我和他聊天:"你每天都做些什么呢?"

"我每天就是打车,不停地叫车,坐车体验,寻找任何一点可以改进的地方。除了这个之外,我们也用手机接单,体会接单司机的感受。"

我试了试发现,他们的叫车软件还真的挺好用的,设计得很人性化,时刻都能让用户感受到设计者的贴心。很多公司的产品经理是不是应该反思一下,有没有真正考虑用户的体验,还是做出了一个自嗨的产品,直接推给客户?

切忌闭门造车

1. 微软 Xbox 逆袭索尼 PSP

微软的 Xbox 最开始上市时没有太好的市场表现。它太复杂了,一般人操作不了,而 PS1 很简单,安个手柄就可以玩,所以把 Xbox 远远地甩在后面。1999 年,索尼的 PS2 上市了,它采用了新的系统构架,操作起来非常不方便,还要占用大量的内存,加重了玩家的负担。设计这个游戏机的人,可能希望把自己最美好的想法全部都呈现出来,这个时候他就会忽略玩家的感受,让玩家觉得每一次玩都很费劲。Xbox 新上任的产品经理谢默斯看到了机会,他重新设计了更简洁的 Xbox,上市后成功超越了 PS3 的销量,一举打破了 PSP 一统天下的局面。他们的下一代 Xbox360 是 PS3 销量的 2 倍。

玩家和开发者之间的共情联系是 Xbox 获得成功的关键因素,当开发者也是游戏发烧友时，他们就很容易抓住竞争对手的痛点。

2. 克林顿的竞选策略

如果没有莱温斯基事件，克林顿也许能够跻身美国总统的前五位，当然这是后话。1992年的美国大选中，并没有多少人看好这位来自阿肯色州的年轻州长。他是位遗腹子，跟一位暴躁、嗜酒的继父生活长大，没有什么背景，完全是从底层一点点打拼上来的。这种底层人的成长经历显然要比老布什那种政治精英世家更容易赢得普通选民的共情。当老布什关注上流社会的施政方案时，克林顿的竞选团队敏锐地察觉到工人阶层将会在1992年的经济危机后不堪重负，转而关注教育援助、税收减免和医疗改革，他们喊出了"关键是经济"的一句话主题。不管在任何场合与老布什辩论，他们永远都只关注经济问题。当老布什提出了绚丽的政策建议时，克林顿质问道："你说得那么好听，民众的生活改善了吗？税收减少了吗？失业率有没有下降？通货膨胀有没有得到遏制……"

最后，当然是克林顿成功了。值得一提的是，小布什明显吸取了他老爸的教训，而大谈他就像位邻家大哥的成长经历。亲民、共情就成了历届美国总统选举的法宝。

人们为什么投你一票？不是因为你看起来多么胜任这个工作，而是因为你看起来是他们这边的人，能够理解他们。

切忌闭门造车。你所要提供的产品，不应该是脱离群众的，而应该是接地气的；不应该是和消费者几乎无关的，而应该是经过和最需要关注的消费者进行深入沟通后做出的。

掌握共情的技巧

穿别人的鞋走路,抓住"顾客的感觉"

穿别人的鞋走路,是一个非常有效的感知顾客需求的方法。IDEO 公司是一家全球顶尖的设计咨询公司,帮助美国大量的知名企业解决产品设计问题。比如,怎么设计迪士尼乐园里的道路;怎么解决宝洁牙膏盖是拧开还是掰开的问题;帮苹果公司设计 iPad;帮沃尔玛公司设计手推车……IDEO 公司的总经理汤姆·凯利在任何的公开演讲中,永远强调一件事:**客户洞察**。必须站在客户的角度,触动客户的灵魂,然后和客户一同思考,这才是有效的创新方法。

有一次,汤姆·凯利在波兰演讲,一个波兰人激动地跑来跟他说:"我要谢谢你,你对我的帮助太大了。"原来这个人是在火车站卖冷饮的,他听汤姆·凯利在演讲中说要观察消费者,于是站在月台上观察那些赶火车的人。他发现,那些赶火车的人在走到火车车厢门口的时候,都会扭头看一眼冷饮车,这就代表他们想买冷饮,但是他们的下一个动作就是看表,看完表之后就转身上车走了。其实明明还有时间,他们怎么就不买呢?因为人们有一个习惯:在没办法做出准确的决策时,他们倾向于不决策。也就是说,赶火车的人并不知道表准不准,也不知道这一两分钟够不够买冷饮,万一赶不上火车怎么办?在这种情况下,他们宁愿不买冷饮。

这个卖冷饮的人想到一个办法，在冷饮车前挂一个钟。这样一来，所有走到车厢门口的人扭头一看，不仅会看到他的冷饮车，还会看到车前的钟。在这个过程中，他们的眼睛是不会从产品上离开的，这样成交率就会提高很多。这些赶火车的人会从容地走过来，他甚至可以清楚地看到还差多少秒。这时，他们通常都会买完东西再上车。就是这样一个简单、便宜的改进，让他的销量提升了100%。

IDEO公司曾帮助设计过一款婴儿车。这家公司的婴儿车销量惨淡，于是请来IDEO公司帮他们测试。IDEO的测试办法很简单：他们把一个工程师塞进婴儿车里，推着上街。两周之后，这个工程师写了一份报告："第一，看不到妈妈。我觉得很生气、很焦虑，我不知道妈妈在哪儿。第二，我周围全是脚。因为太低了，所以我只能看到周围的脚，我身边都是踢起来的灰尘。第三，我很没有安全感。因为我总是冲在最前面，万一出什么事，他们跑了我也没有办法。"成年人的这些感觉，婴儿也会有，只是他们没有办法表达，这可能就是很多婴儿不爱坐婴儿车的原因。

你能够体会到婴儿的心理时，再做出改变就容易得多了：升高，掉转方向。婴儿坐在经过改造的婴儿车里，可以有更广阔的视野，可以和妈妈说话。高度增加后，下面的空间还可以用来放东西。现在很多婴儿车都是这样设计的，这种改变就源于有效的客户体验。你穿上别人的鞋，才会感同身受，才可能做出别人需要的产品。

汤姆·凯利还做过轮椅体验的测试。他发现坐轮椅之后，自己的手几乎每天都是脏的。如果想吃东西，就只能用嘴叼着，而且永远坐得比别人低，就好像别人生活在社会的上层，而自己生活在社会底层，随时都会被社会遗忘。

北京有一家黑暗餐厅，顾名思义，就是这家餐厅有一个就餐区完全处于黑暗的环境中，让你可以充分体验盲人的生活。但凡去体验过的人都反映，重见光明的一刻都觉得生活是多么美好，而更多人会用心去帮助盲人做一些力所能及的事情。

很多人一生都学不会站在别人的角度去看问题，穿别人的鞋子走路，不仅仅是把自己放在对方的立场，还要去体会对方的心。你全心全意地扮演一个完全不同的角色时，才能真正体验共情。

注入情感，找到打动客户的瞬间

大道理永远都说服不了人，只会让人心生厌烦。只有让对方切身感受，比如让迪士尼总裁艾斯纳被老虎惊吓后又感受到老虎的温驯，他才会明白建立一个真的动物王国是多么重要。

奔驰公司曾担心他们对美国年轻人缺乏了解而失去市场，于是组织了一个团队前往美国考察。座谈组织者邀请了十位来自旧金山湾区的、20来岁的富裕青年与奔驰团队会面。座谈结束后，组织者要求奔驰团队的人用50美元为每个志愿者买一件礼物，来测试他们对志愿者的了解程度。但结果大相径庭，竟然有人为旧金山本地人买了观光纪念品；有人买了红色腰包，但志愿者根本不喜欢；也有非常成功的，比如为一位准备创业的年轻人买了一本有关创业精神的书。奔驰的这次考察非常成功，比起一份有理有据的报告，这样的切身体验更让他们难以忘怀。

我很喜欢的品牌欧莱雅有一句令人印象深刻的广告语："你值得拥有。"这句话在男性听来可能觉得挺矫情，但为什么会赢得那么多女性的认同呢？因为它说出了渴望追求美好的女性的心声。这就是创造价值观的认同，当一个品牌能够用价值观来统领一群女人的时候，这些女性用户就会对它极度忠诚。百达翡丽的广告语也极具特色："从来没有人真正拥有过百达翡丽，我们只是为下一代保管。"这是一种对不同人群的说服，一想到应该为下一代买一个百达翡丽，就觉得自己应该先买一块戴戴。

站在对方的角度说出他的情感诉求，这才是有效沟通的方法。如果不能有效沟通，你的商业直觉就只是一个产品，而没法说服别人。

两个世界的交集：让客户参与设计

山姆和贝西是一家厨具家族企业的继承人，也都是烹饪爱好者，但贝西因为患了轻微关节炎，所以很难自如地使用削皮刀，这让她分外沮丧。于是他们找到了设计师帕蒂，这勾起了帕蒂童年时的一件痛苦往事。她小时候最喜欢和奶奶一起准备周末晚餐，但有次她的奶奶竟然连冰箱的门也打不开，后来很快就去世了。奶奶的哭声留在了她的记忆中，挥之不去，那种对生活的无奈激励她要为老年群体找回自尊和自主。

他们开始做大量的调查，观察关节炎患者挣扎着使用厨具的情况，并且戴上手套、绑上手腕做饭，体验那种手不听使唤的滋味。他们最后发现，最有待改进的部位就是厨具的把手。他们把细长湿滑的把手改成了椭圆形粗大的橡胶把手，这样不容易变形、转动。山姆和贝西成立了一家新公司——OXO，并将这种把手装到了 15 种不同的厨具上，最终大获成功。

OXO 起源于创始人贝西的需要，这种顾客和老板的身份是非常有效的创新来源。设计师运用共情技术，一下子就找到了问题所在，设计了一个很棒的产品，重要的是这种产品普通人也喜欢用，从而开辟了厨具的蓝海市场。

创建企业与员工的共情

1. 开卷管理法

美国国际收割公司是农机、施工设备和大卡车的龙头企业，旗下有一个专门进行机械翻新的春田工厂，这个工厂曾经一度陷入困境。1982年，史塔克和他的伙伴筹钱买下了该工厂，新厂长史塔克上任后，发现员工士气严重不足，于是推行了一种开卷管理法。他把每个月的财务报表都贴在墙上，要求员工从主管的角度来思考问题：假如你是厂长，你看到这样的财务报表，会怎么改进？他邀请了大量员工参与公司的管理，让他们提意见、分析财务报表。员工看到了自己的效率提升、材料的节约对公司盈利的明显影响，工作热情高涨，公司的整体运营效率也大幅提升。前三年公司销量每年增长 40%，每股股价从 10 美分飙升至 8.45

美元。

开卷管理法之所以有效，是因为它能凝聚人心，让员工与公司整体产生共情，同仇敌忾。事实上，我们推崇的企业执行力正是来自所有员工做出的决策，而绝不仅仅是企业战略。其间的关键，是要让所有员工能够对企业战略产生共情。

2. 幸福酒店实验

旧金山幸福生活连锁酒店在旅客中享有盛誉，而这与其创始人康利的一次实验大有关系。康利的理想酒店是可以给旅客带来真正关怀的酒店，但是员工总是想偷懒，而且流动率很高，高薪政策又会产生昂贵的客房费用。他苦口婆心地跟员工说过很多回，但总是不见效，于是干脆做个试验。他对员工说："未来两天内，你们想偷懒就偷懒吧。你们用自己喜欢的方式来工作吧，只要你们能凑合就行。"员工果然能偷懒就偷懒，能不打扫就不打扫，被子看着还干净也不重新叠了……不出所料，所有的顾客都在抱怨服务太差，让他们难以忍受。他们给的小费少了，也不说"谢谢"了，态度180度大转弯，甚至会因为不满跟员工大吵。员工终于意识到自己工作的重要性，他们达成共识，开始努力地认真服务，纠正每一个细节。

我们都希望能拥有一份好工作，给自己和家人带来美好的未来，但同时我们也渴望追求工作本身的意义。**而与顾客产生共情和联系，能让员工有一种内在的动力，激励他们将工作变为事业。**

3. 耐克的随机应变

共情也要有随机应变的能力，因为**共情最大的敌人就是顽固不变。**

耐克鞋最初的成功来自其"专业运动"的定位，曾经一度风靡校园。但20世纪末，耐克销量大幅下滑，设计师戴维去大学校园观察时发现，美国大学生们都喜欢穿着极其宽松的牛仔裤，然后配双马丁鞋。马丁鞋虽然笨重、不好看，但跟裤子很搭。这下戴维找到原因了，除非你将鞋子设计得极其花哨、鲜艳，否则再专业的鞋子也会被裤子盖住。

耐克于是开始改进，设计出更多的花样和颜色。这就使它的品类增多，每款鞋子一般有13个标准尺码，品类一多，库存就大量增加。这下经销商不干了，他们根本不愿意为一款类似的鞋耗费太多的库存空间。耐克随机应变，转而去研究材料。他们找到了一种高弹性材料，脚小的人穿上会收缩，脚大的人穿上后会扩张一点。一双鞋子可以覆盖3个尺码，以前需要13个尺码，现在5个就够了。这样一来，既满足了经销商的要求，又迎合了年轻人的品位。这款产品一推出，就火爆全球，从而也帮助耐克再度占领了校园。

这是一个非常经典的商业创新案例，设计师戴维与顾客、老板、经销商三类不同人群成功共情，并且随机应变，最终找到了完美的解决方案。

结 语

要想拥有敏锐的商业直觉，首先要具备共情的能力。共情就是站在别人的立场上考虑问题，人类借此与他人交往。而企业一旦学会了这种能力，就能与顾客建立更紧密的联系。他们能更容易地理解顾客、发现新需求，而不是根据一个漂亮PPT上一堆干巴巴的数据做出错误的决策。

创新已经变成这个时代企业发展必备的能力，很多有梦想的人也许最困惑的问题就是："创新从哪儿来？为什么那么多优秀的公司能抓住行业的痛点，而我却想不出？为什么看到别人的创意拍案叫绝，而我就是想不到？"《谁说商业直觉是天生的》为你们提供了一个途径——学会共情。

真正在生活中修炼共情并不是一件容易的事情。

首先，你需要有共情的意识。你可以尝试一下书中建议的"换位练习"，扮演一个自己最陌生、最敌对的角色去体验。这样在你最需要共情的时候，不至于麻木得像一块木头。

其次，你需要掌握一些共情的技巧。比如，设计师帕蒂将自己扮成一个老太太，汤姆·凯利给自己找了把轮椅，这是实打实的体验，而不是你想象一下、读读书就能做到的。

最后，你可以帮你的同事、员工学会共情，让他们意识到自己的工作的重要意义。这种激励方法长效而实惠，你所需要做的就是让他们像你一样能体会到顾客在想什么。

13

从 0 到 1 的创业之路

> 我们必须如同古人第一眼看到这个世界一样，对这个世界保持着好奇心，我们才能重构世界，守护未来。
>
> ——彼得·蒂尔

▍推荐阅读：《从 0 到 1》

荐　语

彼得·蒂尔是 PayPal 的创始人，PayPal 在美国相当于中国的支付宝，也就是说，彼得·蒂尔在 1999 年就改变了整个人类的支付习惯，只要你有电子邮件，你就可以用美元支付。之后，彼得·蒂尔把 PayPal 卖给了 eBay，成立了自己的投资基金。他投资了哪些公司呢？第一家有名的公司就是 Facebook，仅仅这一家公司的获利就有上万倍，他还投资了 SpaceX、Yelp、YouTube……他投资的 Palantir 软件公司甚至帮助美国政府对抗恐怖分子。彼得的团队成员被称作"PayPal 黑帮"，特斯拉的创始人埃隆·马斯克就是成员之一。

彼得·蒂尔每次面试员工时，都会问对方一个问题："有哪些事，你跟别人的看法不一样？"有人会说"我们的教育体制存在弊端""美国是非凡的""世界上不存在上帝"，这些回答都不好，因为已经有很多人表示赞同了，并不是新的看法。彼得·蒂尔想听到这样的回答："大多数人都相信 ×，而事实是 × 的反面。"他希望找到这样的人，来组建他的团队。

彼得·蒂尔写的《从0到1》是一本从哲学高度让人们重新认识创业的著作。如果创业者能够认真学习，会少走很多弯路，书中的创业理念可以帮你规避很多风险。

什么是"从0到1"

人类历史的发展分为两种：水平进步和垂直进步。水平进步就是从1到n，比如开连锁店；垂直进步就是从无到有、从0到1，比如新开一家店。概括起来，从1到n，最典型的就是全球化；从0到1，最简单的就是科技创新。灯泡、蒸汽机、互联网、移动互联网、物联网、3D打印机……这些都是从0到1，以前没有的东西被创造出来之后，整个市场的格局都可能发生变化。

第一次世界大战前的100年，也就是1815～1914年，是科技全球化的时代。那时候既有工业革命，又有大量的人员流动，所以是科技和全球化同步发展的一个黄金时期。1915～1971年战乱时期，科技在快速发展，但是全球化处于停滞状态。因为战争，国家和国家之间保持敌对的关系。直到1971年基辛格访华这一标志性事件发生，全球化才开始慢慢复苏。彼得·蒂尔认为，那段战争时期是人类科技发展最快的时候，我们现在用到的很多产品都是战争时期的军用品改进后留下来的。

1971年至今，全球化加剧，社会贸易不断发展，"你中有我、我中有你"的格局逐渐出现，但是科技几乎处于停滞状态。有人也许会反驳，这一阶段的科技发展主要发生在信息领域，但是除此之外，比如生物领域就没有什么突破性的进展。科技方面从0到1的突破还不够多，而全球化会造成污染和能源危机。如果全世界还在用一种旧方法创造财富,那将会成为灾难,丢掉科技创新的全球化不会长久。

在潮流中保持独立思考

1999～2000年,我们完全沉浸在网络的世界里。那时候的中关村,到处都是网络公司,人们随随便便的一个主意就能够吸引大把的投资者,然后开一家网络公司。美国的情况更疯狂,纳斯达克指数狂飙不止,一直上扬,然后忽然跌落,这段短命的网络热潮的背景是一个溃败无序的世界。2000年3月,彼得·蒂尔刚完成了一轮重要的融资,网络泡沫就破灭了。

遭受硅谷劫难的企业家总结了四点经验,直到今天依然被人们信奉:

1. 循序渐进。不能沉溺在宏大的愿景中,小幅循序渐进的成长是安全前进的唯一道路。

2. 保持精简和灵活性。不要事先做太多的规划。你应该做些尝试,反复实践,随时保持改变和灵活性。

3. 在改进中竞争。不要贸然创造一个新市场,要在已有的市场上分割资源,去争取更多的资源。创造一个新市场成本很高,风险太大了。

4. 专注于产品,而非营销。如果你的产品还需要用广告来推销,那就说明你的产品还不够好。

虽然人们普遍信奉这四条结论，但是彼得·蒂尔认为它们的反面可能更正确：

1. 大胆尝试胜过平庸保守。如果你能突然给出一个颠覆性的产品，会胜过循序渐进的平庸保守。比如汽车领域，谷歌一开始研究的就是无人驾驶汽车。它没有在改善人的驾驶能力上再下功夫，也没有再去研究如何提高安全性，这才是颠覆性的创造。特斯拉没有像丰田那样循序渐进，先做油电混合。它直奔电动汽车，这就叫作大胆尝试。

2. 坏计划好过没计划。就算现在的计划是坏的，后来也有可能被改好，但是至少要有一个计划，没有计划就会像无头苍蝇一样。所以无论时间长短，一定要给自己制订一个计划。

3. 竞争市场很难赚到钱。最好不要参与竞争，要想办法做一个垄断的企业避开竞争。

4. 营销和产品同样重要。再好的产品，都一定要想办法通过营销的手段让更多的人知道。

PayPal刚起步时，他们这样设计：只要你把PayPal的账号分享给你的一个朋友，就会获得10美元的奖励。这意味着彼得·蒂尔是以每位用户10美元的价格，购买了初期的几千位客户，当有了这几千位客户之后，才慢慢实现了增长。他为推广花费了100多万美元，这才获得了初期会员的到来。如果你不下功夫推广的话，根本就做不出基数，没有基数，又怎么会有后面几何级数的增长呢？

彼得·蒂尔说："你一定要记住，最反主流的行动，不是抵制潮流。"如果一个人整天只是抵制潮流，是不成熟的，是典型的"愤青"。**真正**

的最反主流的行动，不是抵制潮流，而是在潮流中不要丢弃自己的独立思考。当别人跟你说话时，你可以附和他，也可以反对他，但一定要在自己思考过后，形成自己的判断。

成功就是打造垄断的企业

垄断企业的谎言

我们都知道，美国谷歌是搜索领域无可争议的巨头，但谷歌从不宣称自己是垄断企业，整天对外讲："我不是垄断企业，我其实挣得挺少的。"为什么呢？它把自己定义为多元科技公司，把所处的市场定义为科技类消费品市场。这个市场包括了西门子、索尼等，这样它在这个大市场中只占0.24%的份额，所以不能被分割。因为在美国，企业如果达到垄断级别，有可能要被拆分。

这就是谷歌的谎言。实际上，谷歌在搜索领域占比68%，而搜索市场的利润有多高呢？谷歌在2015年创造了500亿美元的价值，利润率高达21%。与之相对的是航空公司,航空公司的利润率只有谷歌的1%。航空公司属于传统企业，每年创造约几千亿美元的价值。公司客流量那么大，可是究竟能赚多少钱呢？平均每位乘客盈利37美分。因为航空公司竞争太激烈了，而谷歌是垄断的。

很多人会问:"竞争不好吗?竞争以后价格就会降低。"可是仔细思考一下,谷歌挣了那么多钱,挣用户的钱了吗?谷歌有没有让社会的交易成本变高呢?有没有让你觉得生活不舒服呢?你有没有被谷歌剥削过?或者你有没有被微信剥削过?非但没有,你反而一直在受益。

彼得·蒂尔认为,我们应该扭转对垄断的观念,在静态的社会中,垄断才是一件坏事。所谓静态的社会是指接近零和博弈的社会,社会中的资源是有限的,一人占有,其他人都不能再拥有。而**动态社会的价值是创造出来的**,当谷歌、百度、阿里巴巴或者腾讯这样的公司创造出大量的价值后,能赚到自己应得的部分,且其他人并没有因此而受损。所以目前的社会,完全可以称为一个动态的社会。

彼得·蒂尔强调,垄断是一件好事。**我们要做公司,就要想办法打造一家垄断的公司。**只有垄断,才能拥有足够的利润空间,才能保证足够的研发和创新投入,才能产生更大的竞争优势。这就是《从0到1》中一个非常核心的理念。

重新认识竞争

为什么人们会喜欢竞争呢?彼得·蒂尔认为:**"竞争不只是一种经济概念,还是一种观念。"**我们从小到大一直被教育,必须打败别人,才算成功,所以我们循规蹈矩地去和别人竞争,追求成功。彼得·蒂尔是斯坦福大学法律系的毕业生,毕业以后本来是打算去法院当书记员的。这个岗位的竞争十分激烈,每年只有十几个学生从数以万计的学生中脱颖而出。他在面试环节还是失败了,备受打击、意志消沉,觉得自己连一个书记员都拼不过别人。很久以后他才意识到,这次失败对他的人生多么重要。如果他当时成功了,那么美国只是多了一个书记员或者一个法官,但少了一位创业枭雄,也不会出现 PayPal,更不会存在一个改变人类支付方式的人。

有时我们会执着于一次竞争的成败,只是因为内心的竞争需求,而不管那件事对社会到底有没有价值。我们跳出竞争本身,去看待更远大的目标时,才能放下对竞争的执着,想办法回避竞争。

彼得·蒂尔最开始也面临着严酷的竞争,他和埃隆·马斯克都在研发移动支付,做的产品也几乎一模一样。竞争到最激烈的时候,彼得·蒂尔公司的一位工程师竟然想要去炸掉对方的公司。这位工程师居然在开会时认真向大家建议:"我昨天晚上研发了一枚炸弹,我们拿它把埃隆·马斯克的公司炸了,你们觉得怎么样?"此言一出,竟然有很多工程师参与讨论这枚炸弹应该怎么安放。竞争已经把人逼疯了,大家已经不再关注真正的目标,而是想方设法把对方干掉。两家再这样继续下去,互联网严冬到来之前,它们如果拿不到足够的投资,就都会倒闭。2000年3月,也就是互联网泡沫破灭的前夕,两家公司选择了50%对50%的合并。合并之后,它们成为市场上唯一的领军者,迅速拿到了融资,这才有了今天的 PayPal。

这下大家明白为什么滴滴和快滴、优酷和土豆都要合并了吧。生活中的确需要竞争,在找不到合并的机会,或者合并成本过高时,一定要竞争。竞争时要快刀斩乱麻,又快又狠地结束战斗,千万不要陷入一种越战式的泥浆中。

垄断企业的特征

人人都想打造一家垄断的企业，可是垄断企业究竟有什么特征呢？《从0到1》提出了垄断企业的四个特征：专利技术、网络效应、规模经济和品牌优势。符合这四个特征的，才能被称为垄断企业。

1. 专利技术

你所创造的产品，应该比已有产品具备10倍以上的优势，才能被称为一个有效的专利技术。PayPal支付比去银行转账提高了至少10倍的效率；你通过亚马逊、京东网或者当当网买的书，比在新华书店买的书多不止10倍，而且费用还降低了；你通过我们的读书会一年读50本书，而以前一年也读不了两三本书，效率也提高了10倍以上……这些都是有效的专利，都是从0到1的创新。

2. 网络效应

网络效应就是可以通过互联网人带人的方式，不断地增加用户。Facebook的用户一开始只有扎克伯格的同学，后来大家觉得很有意思，就邀请他们的朋友加入。他们的朋友用过之后也觉得不错，就邀请朋友的朋友加入，这时候网络效应就逐渐蔓延开。PayPal一开始只有24个用户，就是公司的24名员工，之后也是靠网络效应传播开的。

最典型的案例还有滴滴打车。据说滴滴最艰难的时候，监控车的屏幕上就只剩下6辆车。为什么一开始司机都不用呢？因为没有人用这个软件叫车。乘客为什么不用这个软件叫车呢？因为根本叫不来车，这就形成了一个恶性循环。结果负责人就看着屏幕上仅剩的6辆车，他想：要不然就别干了吧，可是如果解散了，这6个司机怎么办呢？他们不就被骗了吗？安装了半天，什么都没有。算了，还是咬咬牙坚持一下吧。于是他雇了一批大学生上街打车，拦下一个司机就问"有没有安装滴滴"，没装，不要，又拦下一个，"有没有装滴滴"，又没装，还是不要……这些大学生不停地询问，增加了司机对滴滴的认识。这时候就开始有司机好奇什么是滴滴、怎么安装、怎么使用。安装好以后，负责人又雇了一批人，专门用滴滴软件叫车，让司机都认可用滴滴是可以挣到钱的。司机开始慢慢增加，这时候再给司机补贴，司机获得了补贴，就开始口耳相传。

"我这个月挣了5000！"

"你怎么挣那么多？怎么回事呀？"

"哦，我用了滴滴，这里面有补贴。"

使用滴滴的司机多了，百姓就会发觉用滴滴叫车确实方便，乘客也慢慢多起来。这就是网络效应，**从一小部分人开始逐渐蔓延。**

3. 规模经济

垄断企业的第三个特征就是规模经济。如果只有两万人用谷歌，谷歌早就赔死了，因为它拥有大量的机房、工程师，固定成本很高。但如果地球一半以上的人都在用谷歌，规模经济就出现了，它的边际成本趋近于零。所有的垄断企业最后都要去**打造一个边际成本为零的生意：**每增加一个客户或者减少一个客户，对于企业的成本几乎没有影响。

4. 品牌优势

无论是苹果、谷歌，还是我国的华为，都在竭尽所能地打造自己的品牌。因为竞争激烈的红海中，最值钱的还是品牌。迪士尼2015年的营业收入为500亿美元，其中电影收入为70亿美元，虽然占比不大，但对于迪士尼来说十分重要。电影为迪士尼创造出了无数无价的人物形象，再使用这些人物形象时，边际成本就趋近于零。所以它可以不断扩大规模，成本也会不断降低。

中国人做生意的品牌意识远没有那么强，很多生意人醉心于产品，但疏于打造品牌。我有个同学做手机内置应用，他发明了一些小应用，然后卖给各种手机厂商。我问他："你现在怎么样？还做手机应用吗？"他说："做不了了，总有人模仿我，然后把价格压低，送给手机厂商，我就没办法了。我只能再发明一个新东西。"他总觉得自己发明的东西和消费者没有关系，不需要让消费者知道，只要搞定大客户就可以了，这就是没有品牌意识的表现。**如果没有品牌，就永远没有定价权；没有品牌，就永远只能面临同行的挑战。**

中国曾经是世界的加工厂，但是代工了那么多价格昂贵的产品，却只能挣微薄的利润，这就是没有核心技术和品牌的结果。当国际经济环境变化，国内的人工成本上升后，中国第一批倒下的就是这些代工企业。**有品牌才能有垄断。**

创业的心态

运气和能力

成功到底是靠运气,还是靠能力呢?彼得·蒂尔认为,如果成功是靠运气的话,就不存在乔布斯、扎克伯格这样的连续创业成功者了,其实彼得·蒂尔也是他们中的一员。爱默生曾说:**"只有浅薄的人相信运气和机遇,强者只相信因果。"**什么是因果?就是春天播种了,秋天才能有收获。

这个世界有两种法则:社会法则和自然法则。社会法则就是靠关系,而自然法则就是靠努力。在春天播下种子,不断地呵护它,给它浇水施肥,到了秋天,才能收获庄稼,这就是自然法则。人的一生中,社会法则偶尔起作用,但是如果你把时间拉得足够长,就会发现自然法则总是在起作用。

如果一个人短视,就说明他只看到了社会法则,而没有看到自然法则。我们要懂得从自然法则的角度来看待这个世界。成功不是靠运气,而是靠因果,你得下很大的功夫,才能得到一个相应的结果。

幂次法则

大家认为我们的世界是正态分布的，还是幂次分布的呢？正态分布类似一个钟形曲线。比如，有少部分人极度富有，少部分人极度贫穷，剩下的大多数人差不多。而幂次分布则是，只有一小部分人极度富有，而剩下的大部分人都没什么钱。彼得·蒂尔认为，**这个世界是呈幂次分布的。**

如果用正态分布的思想来投资，投资人就会像撒网捞鱼一样，把鸡蛋放在不同的篮子里。这个领域投一点、那个领域投一点，每个领域都涉及一些，恨不得分出去好几百个公司。而彼得·蒂尔认为，如果用这样的方式投资，就好像在祈祷——把钱都投出去，然后祈祷大家帮忙赚钱。最后的结果是，你那些赚钱公司的利润会抵消掉不赚钱公司的亏损，最后还是赚不到钱。彼得·蒂尔认为，应该想方设法找到可以实现指数级增长的公司，并且只投资这些公司，不只是祈祷它成功，还用自己所有的精力来帮助它成功。成功基金的最佳投资所获得的回报要等于或者超过其他所有投资对象的总和。

幂次法则对于个人也同样适用，你会怎样分配自己的精力呢？我见过一些年轻人很努力在赚钱，一边上班，一边干兼职，上下班途中还顺道开个滴滴专车，有的还开个淘宝小店。做这么多事情，短期来看收入也许还不错，但是精力如此分散，哪件事情都做得一般，十年之后会怎样呢？与其把精力分散在不同领域中，维持一个固定的收益，还不如把精力集中在一点上爆破。比如，就把网店开好，可能一年能够创造几

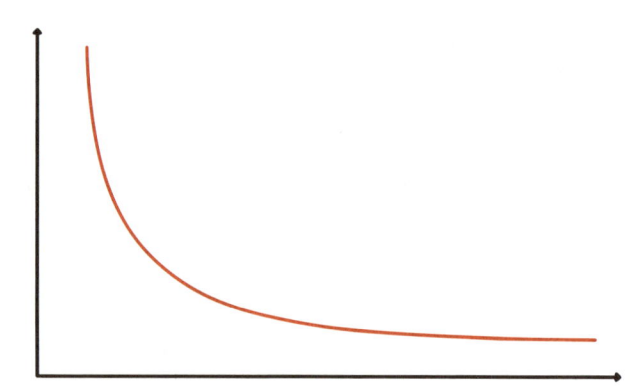

幂次法则指的是事物的发展，其规模与次数成反比，规模越大，次数越少。

千万元的营业收入，或者在公司里好好干，努力提升自己的专业技能。这就像打井一样，如果你挖的坑足够深，最后就能变成一口井；如果你挖的坑不够深，挖得再多也只是一个一个的坑。

始终相信秘密的存在

彼得·蒂尔倡导大家要相信秘密的存在，这就是我们平常说的好奇心。这个世界上有两种秘密：自然的秘密和人的秘密。爱迪生发明灯泡，就是发现了自然的秘密。发现自然的秘密也许对我们来说不太容易，但我们可以尝试着发现人的秘密。

优步让我们知道，开车出门的时候，还可以搭载一个陌生人，这就是发现了人与人的关系；Airbnb（Airbnb 是一家联系旅游人士和家里有空房出租的房主的服务型网站，它成立于 2008 年 8 月，总部设在美国加州旧金山市，中文名为爱彼迎）让我们知道，出行住宿不一定要选择旅馆，也可以住在网友家里，可以体会当地的风土人情，还能得到安全的保障，这就是发现了新的人际关系结构……这种秘密是永远存在的。如果你发现了一个秘密，就可以成立一个小公司，把这个秘密作为核心的创业点，变成现实，然后逐渐放大，不断扩张。

创业前的准备

你发现了一个秘密,准备开始创业时,需要做哪些工作呢?

彼得·蒂尔认为,首先,你需要寻找合伙人,这是一件至关重要的事。千万不要和一个一拍即合的人一起创业,如果两个人完全没有感情基础,互相不了解,之前没有共事的经历,这就像在拉斯维加斯喝醉了酒结婚一样有风险。

其次,董事会一定要小。除非你的公司上市,否则董事会不要超过5个人。要分清楚所有权、经营权和控制权,尽量使用全职员工,可以给员工发放股权。愿意接受股权代替金钱作为报酬的员工才是靠谱的员工,如果一个员工看到一半的工资都被股权代替后就辞职了,那么他就不是我们想要的人。

最后,保持创新。只要你在创新,创业工作就不会停止。

另外,要和志同道合的人在一起。招聘时,要选择那些有抱负的人,而不是贪图享受的人。要找到那些有热情、有动力,愿意和你一起做些事情的人。在工作中,要不断强调你的理念,号召大家为了这个理念而奋斗。可以通过统一的制服和文化衫,激活大家的归属感,让大家觉得彼此之间是并肩作战的。当公司所有人团结起来时,员工才会互相扶持,不断成功。

结　语

彼得·蒂尔在《从0到1》的最后强调了人与机器的关系。有人认为，未来机器会和人类竞争，而彼得·蒂尔并不认同：竞争一定源于共同的需求，当机器和人有共同的需求时，两者才会竞争。机器只需要有电就可以运转下去，这与人类的需求不同，而且人和机器的优势也是完全不一样的。未来应该是人与机器结合的时代，人与机器优势互补，最后形成一个新的世界。

14

新创企业的成长思维

创新的艰难程度就好像
你想让一头大象飞起来一样。
——史蒂文·霍夫曼

▌推荐阅读：《让大象飞》

荐 语

如果你是一位创业者，相信你一定被这些"子弹"击中过：创业金点子哪里来？成功的创业者是什么样子的？初创公司有哪些陷阱等着你？你的初创团队里应该包含谁？他们又该有何种特质？你的产品做到什么样才能真正受到用户的欢迎？

史蒂文·霍夫曼是硅谷重量级的创业教父、天使投资人、演讲人，他是《福布斯》杂志排名第一的创业孵化器 Founders Space 的创始人，人称"霍夫曼船长"。他毕业于南加州大学，曾经做过好莱坞的剧本制作人，开过手机娱乐公司、互动媒体公司和软件开发公司。在 Founders Space，他致力于全球资源的连接与整合，多年来培训、指导了全球数百家初创公司的创始人，包括广为人知的 Instagram 的创始人。他在旧金山和这些创始人一起工作，帮助他们理解创新的基本方法、模式和硅谷的理念，并实际运用这些方法和理念推出具有革命性的产品和服务。来自亚洲、欧洲和美洲等的 50 多家全球合作伙伴都在广泛采用他的团队开发的创业培训课程。他也常在硅谷及世界各地的科技及商业大会上发表演讲，活跃于全球科技和创业社群中。

　　霍夫曼船长的《让大象飞》，是一本为创业者量身定做的创业指南。从创业团队的人员配备，到创业融资的成败，再到团队的高效管理；从创业者的心理素质，到创业者的独到眼光，再到企业赖以生存的根本：霍夫曼船长360度无死角地呈现了一家公司从初创，到惊艳，再到立足，最后到稳定的全过程，可谓《从0到1》的实践版。

寻找方向：找对浪潮再起步

创业公司不能太有钱

一家初创企业不能太有钱，这是最让我印象深刻的一句话。也许很多人认为，初创企业应该尽早拿到更多的风险投资，这是不对的。每家初创企业都有一个商业计划书，创始人可以拿着它去融资，去寻找合作伙伴。当你获得充裕的资金时，你容易掉入最大的陷阱：你会按照商业计划书按部就班地实施。但实际上，没有任何一个创业项目是可以按照计划完成的。这也就是为什么有很多创业公司，尤其是明星的创业公司或者风口上的创业公司，会在资金到位、一步一步执行计划时，突然发现到了某一步，下一轮的融资无法到位，于是就轰然倒塌了——你已花光了所有的预算，而业绩和数据并没有达到预期。

我们读书会最早的产品是一堆PPT，而不是像现在这样的音频、视频。最开始，我把解读内容的构思做成几千字的PPT发给客户，觉得这就是帮助大家读书最好的方式。我把核心内容都浓缩了，精简成PPT，一目了然，多好。300元，一年50个PPT，发出去后，有一天突然收到了退回邮件，原来是被当作垃圾邮件了。这么有内容的PPT怎么就变成"垃圾"了呢？这还是客户自愿付款购买的。后来我们一问，这个PPT根本没多少人看。幸亏我们当时没有钱，如果当初有2000万或者 3000 万的资金，我们的做法很可能是不断优化 PPT，让更多销售人员去推广 PPT 了。由于没有充足的资金，当发现大家没有时间和习惯去读 PPT 的时候，我们唯一能做的就是改变和调整。最后我们从做 PPT 转变成微信讲课，从一个群、两个群，到公众号，直至现在的 App。

创业公司初始阶段资金匮乏，其实是值得庆幸的一件事，你会因此不断地调整产品，而不是盲目扩张。

技术没有你想象的那么重要

"技术没有你想象的那么重要，反而有时候你可能会跌入这个陷阱中。"霍夫曼船长如是说。他其实是一个著名的风险投资家，这里所说的技术陷阱是指，当拥有了一项专利技术时，你就会执迷于这项技术，认为未来所做的一切事情都是为了尽快推动这项技术。当技术成为梦想本身的时候，它就有可能带给你大量的伤害。

《给你一个亿》（一档创业投资真人秀节目）展现过很多"发明狂人"，他们有着各式各样的发明，精彩纷呈，但他们所有的商业模式都是僵化的，其最终目标都是必须把那个技术实现。霍夫曼船长列了一个发明人的名单，很多发明专家虽然做出了伟大的发明，但他们都是贫穷的，其中就包括特斯拉。特斯拉是电动机的实际发明人，但他一辈子都守着这一个技术。相比而言，爱迪生就是一个伟大的创意商人，他擅长把各种各样的发明变成公司的专利，再转化成产品卖给大众。

创新并没有我们想象中的那么重要，比如优步、Airbnb、摩拜单车、ofo、亚马逊等，这些公司都不是靠高新技术来打造的，它们靠的是商业模式的创新，靠改变人与人之间的关系，形成新的业务或者新的产品。技术远没有大家想象的那么重要，甚至很多创新都是从模仿开始的。"模仿"并不是绝对错误的，很多伟大的企业都是从模仿开始的，但它们绝不止于模仿。它们在模仿的基础上稍做改进，青出于蓝而胜于蓝。

创业从解决问题开始

伟大的创意都始于解决我们身边的问题。Facebook 的创始人扎克伯格腼腆内向，就像电影《社交网络》里说的那样。扎克伯格不善于和女生交流，但他又想交女朋友，于是就开发了一个平台，可以让大家把内秀展现出来，可以互相搭讪聊天，于是出现了 Facebook。

虽然成功的企业都解决了伟大的问题，改变了人们的生活，但最初可能是<u>从解决身边的小问题着手</u>的。当你从身边细小的创意点开始出发的时候，创业的方向才可能走对。

准备启航：组建初创团队

两个比萨原则

创业初期的团队要限制在 5 个人以内，也就是亚马逊 CEO 贝索斯说的两个比萨原则：买两个比萨，如果你的创业团队吃不饱，那么这个团队就太大了。原因是什么？平等。当创业团队超过 10 个人之后，政治就会出现，说话的人就会担心说出的话会不会得罪人、会不会有面子问题，人家是领导，会不会不合适。有了领导，就有了层级，也就有了政治，效率就会降低，速度就会变缓。

出于平等和增速的目的，创业团队一定要小，5 人以内最佳。这些人中有四类角色不可或缺。

1. CEO，他是团队中的领导者，他要不断明确梦想，并且带领大家一直向着梦想坚定地走下去。

2. CTO，就是技术专家，他负责设计整体的框架，把创新计划在技术层面落实。当然，CEO 和 CTO 可以是同一个人，像扎克伯格，他既是一个思路明确的 CEO，也是一个可以弯腰编程的 CTO，这就是完美的组合。

3. 设计师，他需要设计出符合人体工学的、非常漂亮的、让人感觉舒服的产品，有时候他也可以扮演产品经理的角色。

4. 专家，帮助解决某一方面的特定问题，最好是有博士学位的人，

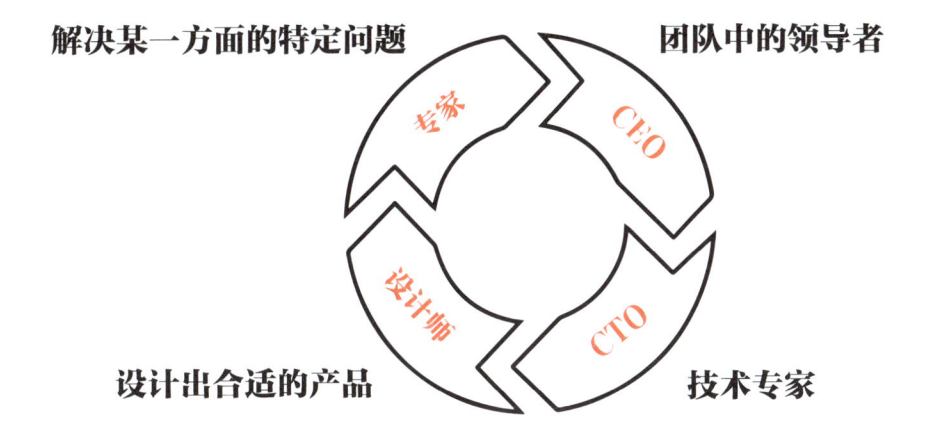

| 解决某一方面的特定问题 | 团队中的领导者 |

- 专家
- CEO
- 设计师
- CTO

| 设计出合适的产品 | 技术专家 |

或者是一个从业经验丰富的人。

这样四类人组合在一起，就构成了一个完整的创业团队。需要注意的是，在这样的团队构架中，并不一定是一人对应一个角色，同一个人可能同时拥有几项技能，但整个团队中每种技能都不可或缺。

创意冲刺：优秀是逼出来的

美国有一个黑客马拉松的活动，就是把一群所谓的黑客、极客或者创业者集中在一起，限定48小时之内做出一个产品。为什么要有如此严格的时间限制呢？因为人的惰性太强，只有存在最后期限，人的效率才会提高。比如，让你60天写一个计划书，可能你前面50天都在思考、体会，整天都在琢磨怎么写，最后10天你才会冲刺去写。人们都喜欢盯着最后期限做事，所以黑客马拉松只给你两天的时间，组建一个团队，拿出一个创意、一套框架和一个计划书来。结果发现，大量的人在短短两天内做出的项目都成功了，这些项目后来成了上市公司，或者被大公司收购。

这是一个很惊人的发现，实际上你不需要很多时间，只要把大家都集中在一起，不吃不睡两天，进行创意冲刺。在这个过程中，不能回家、不能睡觉，就可以将创业公司的潜力发挥到最大。我有的时候经常想，其实真的遇到一个对公司特别好的想法时，我也会兴奋得一晚上睡不着觉，满脑子都是这件事。往往深夜才是你创造力最强、精力最旺盛的时候。

但是，创意冲刺不建议经常做，毕竟这对身体不好。在创业的初期，进行几次创意冲刺，能够帮助我们更快地获得新想法，有了新想法再去投资。

融资！融资！

企业投资和内部创业有什么区别？霍夫曼船长说，这个世界上有越来越多的独角兽公司（估值在 10 亿美元以上的公司）。对于拥有 5 亿美元及以上的大型基金来说，大量的资金意味着风险投资人需要尽快地把钱投资给创业人。只有那些拥有巨大潜力的公司，才有空间接受数千万甚至几亿美元的资本，这一现象就导致了独角兽公司的爆发。

比如，一家拥有数亿美元的创业公司，投资 100 万美元给一个新公司，即便你知道这家公司 5 年之内会给你带来 10 倍的收益，但是这 1000 万美元对于一只 10 亿美元的基金而言，也只是一个舍入误差。因此，一家公司起步的时候很难和大 VC（风险投资，venture capital，简称 VC，在这里理解成创业投资者更为妥当）谈投资，因为他们要把有限的人力和时间花费在更大的项目上，他们盯着的是那些有足够体量的钱的公司。周鸿祎说他不做共享单车，因为连车的颜色都被用光了。一个风口被发现了之后，就会涌入大量资金，原因是投资人急于把钱花出去，这就是为什么很多独角兽公司只是估值虚高，最终依然会倒下。因为它们没有做出好的业务模式，只是吸引了大量的投资而已。

除了大投资基金，哪些渠道可以融资呢？最合适的是天使投资和种子投资。不少天使投资人是大学教授（美国很多大学的教授都有自己的创业公司）或者影视明星，在中国也有 star VC 这样的公司。这些人的年收入较高，从一年几百万美元的收入中拿出几十万美元做投资完全没有压力，像徐小平就是比较典型的喜欢播撒种子的人。还有一种投资方式叫作<u>企业投资</u>，它更看重的不是创业企业的资金流，而是创业项目对于它的战略意义，一旦这家小公司孵化出来，将对整个企业的战略布局大有好处。最后是<u>内部创业</u>，创业并不一定要离职创立一家新公司，也可能与原公司老板协商，从公司内部孵化一个新企业。以上都是创业的融资方式。

如何识别机会

霍夫曼船长说，要从五个方面来识别创业公司是不是有潜力。

<u>第一，看团队</u>。不仅仅看 CEO，还要看其他团队成员。如果只是 CEO 干劲十足，而其他人都无精打采或者可有可无，很有可能是 CEO 的领导力有问题，没有将团队的热情激发出来。反之，如果整个团队和 CEO 一样热情又有干劲，乐于分享并且愿意打拼，甚至团队都住在公司不回家，就说明这是一个很好的团队。

<u>第二，看客户</u>。一个产品宁可让 100 个人尖叫，也不要让 100 万个人说还好。当我们针对产品做用户反馈时，人们会碍于情面说"还不错""挺好的"，这样的反馈没有效果。只有对方说"太棒了""我非常喜欢"，才是客户对产品的真正认可。

<u>第三，看产品</u>。产品不一定要十分炫酷，而要能真正解决问题，这

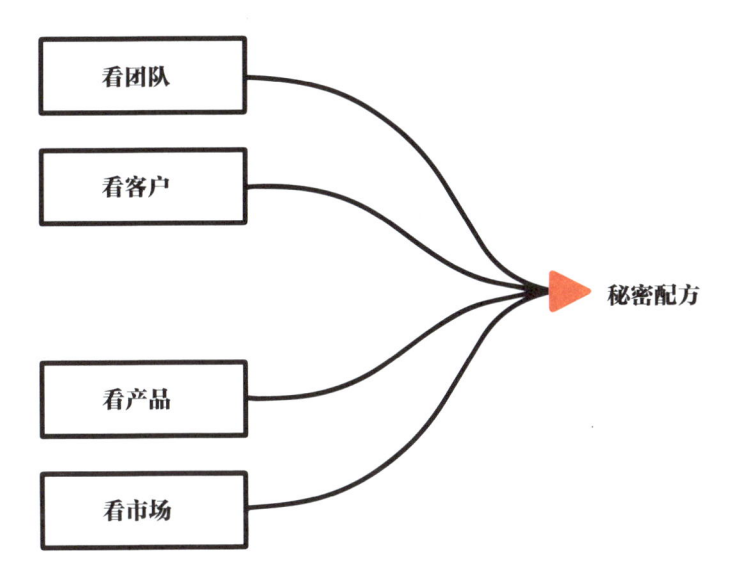

```
┌─────────┐
│  看团队  │──╮
└─────────┘  │
┌─────────┐  │
│  看客户  │──┤
└─────────┘  │
             ▶ 秘密配方
┌─────────┐  │
│  看产品  │──┤
└─────────┘  │
┌─────────┐  │
│  看市场  │──╯
└─────────┘
```

样的产品才是好的产品。

第四，看市场。所有的优质企业都是从一个看似很窄的市场切入的，比如 Facebook，就是从哈佛大学的学生中扩散出去的。如果是没有前瞻性的人，会认为这只是学生之间的社交工具，而有眼光的人会看到其背后无限延伸的市场：所有人都需要社交。好的机会市场的特征就是，切入很窄，但是前景宏大。

第五，独家占有的秘密配方，就是门槛。可口可乐、麦当劳都有独家配方，做科技企业也需要有核心技术作为秘密配方。Facebook 做到现在几乎没有秘密可言，它的所有内容都向大众公开。而它的秘密配方是内部创新，这家公司独有的基因是别人无法模仿的，外人看到的只是呈现的形式。大家总是惊叹他们为什么总有新的东西冒出来。

你从团队、客户、产品、市场和秘密配方五个维度来考量一家公司的时候，就会找到这个市场上真正的大机会。

打造产品：爱它，但别太爱

霍夫曼船长说：**"爱你的产品，但别太爱。"** 产品的"爹妈"们往往会陷入"制造者陷阱"，他们会对产品产生感情，无法客观评价。用中国的老话叫"敝帚自珍"，用外国人的话叫"宜家效应"：给你两套家具，一套是专业人士为你组装好的，另一套是你从宜家买回来自己组装的，家具都是一样的，而大部分人会留下自己组装的那一套家具。他们还找来小孩子叠青蛙测试，几乎每个小孩都觉得自己叠的要比正常水平高一点。

怎样才能知道自己产品的缺点呢？千万不要关起门来一个劲儿地开发自以为完美的产品，最好的办法是：当产品有一个雏形，可以对外出售的时候，把它推向市场试试看，这样才能确定你做的东西是否有人需要，而那些给你钱的客户才能够给你真正的反馈。

大家可能都玩过猜数字的游戏，给定范围，比如100以内，一个人写下数字，由另一个人来猜。如果完全没有反馈，纯粹瞎猜，多少次能猜中呢？至少几十次才可能碰上。但如果猜的人每猜一次，写的人就给出反馈——"高了"或"低了"，可能十次之内就能命中，这就是反馈的作用。

破除三条普遍的商业信条

这里有三条普遍被认可的商业信条：第一，在低利润的业务中，降低成本是成功的关键；第二，提供奖金会让员工的工作更出色；第三，追究工作人员的责任可以减少人为的错误。这三条看似很有道理，但其实都是错的，而且具有时效性和局限性。美国最有名的廉价航空公司西南航空公司，它的薪酬待遇是全美最高的，比美联航高得多。而美联航不断压缩员工成本，使得员工收入不断降低，导致员工的服务态度持续变差。这种举措看似在节省成本，实际上影响了公司的收入。

多给奖金，员工工作就会更出色吗？人力资源专家发现，奖金对员工的激励作用会让员工的工作状态越来越糟糕，因为他做每一件事都会考虑这件事值多少钱，奖金损耗了他对工作本身的追求。

第三条更有意思，在西南航空，员工犯下的错误不会受到追责，因为一旦追责，就可能在之后导致员工为掩盖自己犯下的错误而造成更大的损失。当一家公司对它的员工变得宽容的时候，员工的失误率反而会下降。他们会从每一次错误中反思改进，避免下一次的失误，甚至提升工作的质量。

质疑你的计划书

我们最初写商业计划书或者打造产品时，都是基于未经验证的想法，我们会对客户有一个假定的需求，然后开发自己的产品。我们之前投资过一家公司，创业者认为产品功能越多，竞争力肯定越强，这就是一个未经验证的想法。当他花了大力气去增加产品功能的时候，这些功能对用户来说都是负担。

霍夫曼船长说，**打造产品之前，一定要逐字逐句地质疑你的计划书，因为对于写下的每句话，你都要负责**。如果我们的目标群体是 90 后的小女生，要问问 80 后的为什么不能被囊括进来，这两个群体的消费习惯有什么不同。创业团队需要不断地质疑，不断地挑战自己的固有思路。当你逐字逐句梳理完计划书之后，会发现原来的计划可能是失之偏颇的，有些我们假想的基础不够牢固，所以在此基础上的计划也存在一些问题。经过批判性的思考再开始创新，这时候你的负担就轻了很多。

如果你是一个行业的新进入者，你就可以"折腾"这个行业。反过来，那些老牌的既得利益者可不敢这么折腾。Skype 为什么发展得很快？因为所有的电信公司都是收费电话，只有它是免费的。电信公司不会自己革自己的命，不会自己开发一个免费的产品去和 Skype 竞争，只能眼睁睁地看着它"折腾"。这么一个新技术在"折腾"，没人和它抢，也没有人反击，所以当你本着"光脚的不怕穿鞋的"这样的想法去做市场的搅局者时，空间是非常大的。

用设计为客户解决真正的问题

Airbnb 创业之初遇到的最大的难题，就是没人敢去陌生人家里住，很多人都质疑这个计划是否行得通，只有特立独行的背包客、沙发客、年轻人才敢去尝试这样的事情。很幸运的是，Airbnb 的三个创始人中有两个是设计师，他们在美国罗德岛设计院学习时就已相识，明白什么是设计思维的基本原则。这个创业项目的挑战是如何才能让人们接受共享空间生活，即便他们完全是陌生人。为了实现这个创意，Airbnb 的网站提供了温馨而友善的描述和说明，每个客户档案的照片都放得足够大，这样你就可以清晰地看到房客或者房主的形象；网站还提供了足够的空间，允许房客和房主对自己进行文字介绍；对客户的评语被放在客户档案中非常醒目的位置。这两个创始人还考虑如何构建房东和房客的对话和交流，他们的聊天文本框要有多大，按钮要放在哪个位置，要用什么样的系统。

Airbnb 是一个设计杰出的产品，这绝不是从简单的美观来考虑的。每一个美的要素背后，都包含着人们的心理需求：人们渴望了解房东是什么样的，房东也渴望了解租客是什么样的。这些信息在网页上一目了然，本来一个广受怀疑的业务就这么被设计师给解决了。**并不需要什么高科技，只需要真正的设计去帮助人们解决问题。**

优步为什么了不起呢？它就一个键，一键下单后就会给你匹配一个司机，准点到达。这就是一个好产品的特点：客户操作的界面一定要足够简单，至于复杂的关联由企业后台自己去做。这就是我们打造产品的思路：你必须爱它，但别太爱，敢于颠覆自己已有的产品，才能把产品做得越来越好。

锁定市场：吃透你的客户

用户的建议是创意的灵感来源

锁定客户，就是要知道谁是你的客户，并且需要在他身上花时间。发明家创业很难成功，因为他们只关注技术，既不知道客户是谁，也不去观察客户，更不用说去获取客户的反馈。星巴克做了一个网站——我的星巴克，其中有一栏你可以点击留言。他们从中收集了上百万条全球客户的建议，包括用什么样的搅拌棒、怎么防止饮品溢出、如何高保温等，这些问题的解决方法都来自客户的创意，因为喝咖啡的人才知道自己的需求。

也许你会说，星巴克比较容易做调研，因为它的客户门槛不高，每个人都可以参加，但如果是高新技术，怎么让客户参与呢？福特公司的创始人亨利·福特当年就说过一句很自负的话："我从来不问客户的需要，因为他们永远只会说'我需要一匹更快的马'。""客户哪会知道还有汽车这样的东西，他们只想要更快的马，只有我才能发明汽车。"试想，如果乔布斯去问诺基亚的用户想要一个什么样的手机，几乎不会有人告诉他"我想要一个只有一个键的手机"。

提出正确的问题

询问客户是必要的，但是要注意询问客户的问题。当年川崎摩托车发明了一款水上摩托车——人可以站在水上开摩托车。后来他们问客户哪里需要改进，客户反馈摩托车应该加两个配重箱，这样驾驶时就会更平稳，不会太颠簸。川崎公司乖乖地照做了，加了两个配重箱，结果摩托车还是站着开，速度却变慢了。这时，它的竞争对手发明了可以坐着开的水上摩托，轻轻松松击败了川崎。川崎很疑惑，明明是客户反馈要加配重箱，为什么加上反而卖不好了呢？其实，客户要的是舒适感，不是配重箱。如果客户提出想要更舒服的摩托车，获胜的可能就是川崎公司了。而川崎问的是："你们想要什么样的摩托？"这种结果导向的问题，是无法从消费者那里得到答案的。如果你问"希望改善哪里"，他们就会给你正确的反馈。

问客户的问题一定要基于结果，而不是基于解决方案。不要企图从客户身上找到解决方案，解决方案需要你自己来寻找。宝洁公司在墨西哥做了一款高效洗衣液，只需要普通洗衣液用量的1/3就可以把衣服洗干净，但这款新洗衣液销量并不好。他们经过市场调研发现，原来墨西哥人衡量洗衣液好用的标准是泡沫要多，所以宝洁又做了调整，加大了他们洗衣液的泡沫量，销量立刻就提升了。认真倾听客户的声音，你才能真正找到改进产品的空间。

不要迷信"净推荐值"

《让大象飞》介绍了一个颠覆大家认知的理论：对于产品，不要迷信净推荐值。净推荐值是指，用户使用了某件产品，有多大的概率会向别人推荐这个产品，是每百人中有三五个，还是每百人中有十几个？净推荐值听起来很重要，因为没人推荐的产品肯定不是好产品，但事实并非如此。首先，净推荐值最高的是不计成本的产品，人们更乐意分享免费的产品。你让客户占了便宜，但会给公司带来更大的损失，而且公司不会因此而赚钱。其次，面向大众的产品，净推荐值不会很高。很少会有人向你推荐沃尔玛的产品，因为沃尔玛没有那么让人满意，里面的东西看起来有点乱，但是便宜。在美国，被批评最多的超市就是沃尔玛，它的不满意率最高，但是去沃尔玛买东西的人还是很多，因为它销售的就是普通的产品，虽然净推荐值很低，但依然可以占有市场。最后，如果这家企业是垄断的，根本就不需要净推荐值，因为客户只能从你这里买。

迷信净推荐值并不是一个创业者应该做的事情，你应该考虑的是基于总价值的推荐率。如果你的产品可以保证一定的利润，并且能在高估值人群中带来推荐率，这个产品就是好的。千万不要被创业的风口迷惑，如果没有足够的能力，没有后续的融资能力，就不要走"烧钱"这条路，也不要去"烧"净推荐值。

持续创新：基业长青的秘诀

企业发展是一个动态的过程，不可能一蹴而就。要想基业长青，必须持续创新，依靠内部创新获得源源不断的发展动力。企业所做的产品最终都有可能被客户模仿，只有内部创新才是企业的核心能力。它通过源源不断地提供创新的技术、设计、服务，让客户感知到，这才是企业立于不败之地的根本。

好好利用每一个员工的独特想法

保持内部创新的文化并非易事，当一家公司获得成功之后，就会畏首畏尾、患得患失，特别是当公司内部有明确的责任机制，也就是存在"绩效主义"时，所有人都被KPI束缚，只会做出尽量不犯错的最佳选择。这种方式会导致庸人当政，因为勇于创新的人是很难不犯错的。**一家公司想要永葆创新的动力，应该珍惜员工的想法，给予员工犯错的机会，鼓励员工积极探索实践。**

为了激发创新，Adobe 公司的创新副总裁推出了一个被称作"启动盒"的项目，他们做了一个红色的盒子，里面放了一块温馨的巧克力、一张星巴克的礼品卡和一张预存有 1000 美元的信用卡。他们向员工发放了 1000 个这样的盒子，允许他们自由使用这 1000 美元用于他们的创意，并且在全球范围内举办研讨会。现在，Adobe 在它的网站上给消费者也做了这样一个红盒子，收集客户的反馈，当然，里面不会有巧克力、星巴克卡和信用卡了。其实，每个公司都应该设置一个红盒子，让员工可以将自己的想法和创意表达出来。

创新的企业文化包含以下四个特征：

·第一，**不断地庆祝创新的行为**。只要出现了创新的行为，就要有庆祝的举动。

·第二，**允许越级汇报**。如果你是一个创意精英，你的员工越过你向更高级别的领导汇报，但是顺利解决了一个问题，你应该对他表示感谢。当你放下了所谓的"办公室政治"时，你才能真心诚意地解决产品问题。

·第三，**让员工像领导一样做事**。共享领导责任，培养员工的主人翁意识。

·第四，**积极地启发员工**。鼓励员工参与到公司创新的过程中。

从失败中获取新的洞见

对于一家公司来说，最可怕的不是失败，而是没有在失败中获取洞见，要真正做到"吃一堑长一智"。爱迪生发明灯泡时曾说："**我不是失败了999次，我是找到了999种行不通的方法。**"从这个角度解读失败，才会收获更多。

高速运转：走在市场的前面

速度意味着一切

当前创业者面对的业态每6个月就会发生变化，形势瞬息万变，企业唯快不破。Facebook一位高管曾说："**我们唯一的优势就是速度。**"因为Facebook的技术、模式已经没有秘密可言，保持竞争力的唯一方式就在于内部的高效运转，对产品进行快速迭代，每个迭代周期都是一次机会，学会"快速地失败"，拒绝苟延残喘。

保持团队多元化

高速运转还需要保持团队的多元化，让团队成员突破边界。团队成员应该有不同的视野、想法和背景，其中包括机会主义者、领域专家、沟通者、讲故事的人、推进者、组织者和外来者。这样的多元化才能激发团队活力，产生不同观点和意见。为了保持创新活力，团队成员要勇于尝试去做截然不同的事，不畏惧新的创意、新的知识、新的体验，学会重塑自己体验世界的方式。

结　语

　　霍夫曼船长总结了七项不公平竞争优势，也就是初创企业获得成功的七件法宝。

　　·第一，做出一个比预期产品好得多的产品：至少要好上几个数量级。你为客户提供更多价值，才能抓住和维系客户。

　　·第二，创造一个全新的市场：让你的新产品定义一个全新的市场分类。

　　·第三，颠覆现有的市场：成为第一个利用新技术、新模式颠覆市场的人。

　　·第四，抓住网络效应：这是高速增长的法宝。

　　·第五，形成垄断：想办法拿到市场中排他性的经销权。

　　·第六，锁定长期客户：提高客户的转换成本。

　　·第七，建立品牌：优质的品牌可以让消费者更加信任和依赖。

　　不过需要我们警惕的是，霍夫曼所倡导的这些创业创新规则仍然是经验层面的总结、洞见，而非普遍规律，需要每个创业者活学活用，根据自身的特点、资源、条件选用适宜的方法。因地制宜、因时权变才是规律。毕竟，霍夫曼船长也是在不断的质疑和思考中收获这些经验的。

参考文献

[1] 稻盛和夫.干法[M].曹岫云,译.北京:机械工业出版社,2015.

[2] 秋山利辉.匠人精神[M].陈晓丽,译.北京:中信出版集团,2015.

[3] 戴维·艾伦.搞定I:无压工作的艺术[M].张静,谭永乐,译.北京:中信出版集团,2016.

[4] 威廉·克瑙斯.终结拖延症[M].陶婧,于海成,卢伊丽,等译.北京:机械工业出版社,2015.

[5] 奇普·希思,丹·希思.瞬变:让改变轻松起来的9个方法[M].姜奕辉,译.北京:中信出版集团,2013.

[6] 安德斯·艾利克森,罗伯特·普尔.刻意练习:如何从新手到大师[M].王正林,译.北京:机械工业出版社,2016.

[7] 科里·帕特森,约瑟夫·格雷尼,罗恩·麦克米兰,艾尔·史威茨勒.关键对话:如何高效能沟通(原书第2版)[M].毕崇毅,译.北京:机械工业出版社,2017.

[8] 史蒂芬·柯维. 第 3 选择：解决所有难题的关键思维 [M]. 李莉，石继志，译. 北京：中信出版集团，2013.

[9] 迈克尔·沃特金斯. 创始人：新管理者如何度过第一个 90 天 [M]. 徐卓，译. 北京：中信出版集团，2016.

[10] 约翰·惠特默. 高绩效教练（原书第 4 版）[M]. 林菲，徐中，译. 北京：机械工业出版社，2013.

[11] 丹尼斯·N.T. 珀金斯，吉莉安·B. 墨菲. 危机领导力：领导团队解决危机的十种方法 [M]. 邓峰，译. 北京：中信出版集团，2014.

[12] 戴夫·帕特奈克，彼得·莫特森. 谁说商业直觉是天生的 [M]. 马慧，译. 沈阳：万卷出版公司，2010.

[13] 彼得·蒂尔，布莱克·马斯特斯. 从 0 到 1：开启商业与未来的秘密 [M]. 高玉芳，译. 北京：中信出版集团，2015.

[14] 史蒂文·霍夫曼. 让大象飞 [M]. 周海云，陈耿宣，译. 北京：中信出版集团，2017.

图书在版编目（CIP）数据

工作的本质 / 樊登著. -- 北京：九州出版社，2023.1
　ISBN 978-7-5225-1504-5

　Ⅰ．①工… Ⅱ．①樊… Ⅲ．①工作方法 Ⅳ．①B206

中国版本图书馆CIP数据核字（2022）第226954号

工作的本质

作　　者	樊　登　著
责任编辑	周红斌
出版发行	九州出版社
地　　址	北京市西城区阜外大街甲35号（100037）
发行电话	(010)68992190/3/5/6
网　　址	www.jiuzhoupress.com
电子信箱	jiuzhou@jiuzhoupress.com
印　　刷	河北鹏润印刷有限公司
开　　本	880毫米×1230毫米　32开
印　　张	9.5
字　　数	217千字
版　　次	2023年3月第1版
印　　次	2023年3月第1次印刷
书　　号	ISBN 978-7-5225-1504-5
定　　价	59.80元

★ 版权所有　侵权必究 ★